알기 쉽고 재미있는

중앙 한국어

1

상

알기 쉽고 재미있는
중앙 한국어 1 상

초판 1쇄 발행 2018년 6월 8일
수정판 3쇄 발행 2022년 8월 31일

저 자 | 이찬규 외
책임 편집 | 이훈, 조윤희, 이혜선, 차준우, 이찬희
발 행 | 중앙대학교
등 록 | 제14-1호(등록일: 1977. 8. 31.)
주 소 | 서울 동작구 흑석로 84
전 화 | (02)820-6137
전 송 | (02)822-5495

판매처 | 태학사
등 록 | 제406-2006-00008호
주 소 | 경기도 파주시 광인사길 217
전 화 | (031)955-7580
전 송 | (031)955-0910
전자우편 | thspub@daum.net
홈페이지 | www.thaehaksa.com

값은 뒤표지에 있습니다.

ISBN 978-89-7207-883-8 04710
978-89-7207-882-1 04710(set)

KOMCA 승인필

이 책에 직간접적으로 자료 게재를 허락해주신 모든 분께 감사드립니다.
저작권자와 연락이 닿지 않아 부득이 허가를 구하지 못한 일부 자료에 대해서는
연락 주시는 대로 적법한 절차를 따르겠습니다.

*잘못 만들어진 책은 바꾸어 드립니다.

알기 쉽고 재미있는

중앙 한국어

1 상

중앙대학교 한국어교육원 한국어 교재 편찬위원회

CAU 중앙대학교

| 머리말 |

중앙대학교에서 한국어교육원을 개원하고 한국어 교육을 본격적으로 시작한 지가 벌써 15년 정도가 되었다. 한국어교육원을 시작할 때만 해도 대학에서 가르칠 만한 한국어 교재가 몇 종밖에는 없었는데, 2018년 현재 시점에서 보면 각 대학마다 직접 개발한 한국어 교재만 해도 수십 종에 이른다. 중앙대학교 한국어교육원에서는 2006년 첫 교재 개발 작업에 들어가 2012년에 이르러서야《중앙 한국어》1~4권이 출간되었다. 각 권을 상 · 하로 분책하고 각 급별 워크북까지 제작하여 총 권수가 12권에 이르는 방대한 작업이었다. 임시 교재를 완성한 뒤 그 교재로 강의를 해 보고, 문제점을 발견하여 재수정 작업을 거치면서 보다 실질적으로 학습 효과를 높일 수 있는 교재를 만드는 방식으로 작업을 하다 보니 시간이 많이 걸렸다. 집필진만 22명에 이를 정도로 많은 사람들의 노고가 집약된 결과물이었다. 그동안 이 교재로 공부한 학생들의 만족도도 높은 편이고, 학생들의 한국어 구사능력도 단기간에 기대 이상으로 높아져 효과를 거두었다고 자평해 왔다. 그러나 2012년 이후 몇 년이 지난 시점에서 벌써 교재에 나온 상황이 과거의 것들이 많고, 분량도 압축하자는 의견이 많아 개정판을 내기로 하였다. 2015년 첫 모임을 가지고 개정 작업에 들어갔는데, 그동안 한국어 교육 학계에서 제기된 다양한 연구 결과들을 반영하고, 대화 내용뿐만 아니라 그림이나 사진 등도 참신하게 바꾸고, 책의 구성 형식도 더 이해하기 쉽게 정리하다 보니 개정 작업이라기보다는 새로운 책의 모습을 띠게 되었다. 이 책을 개정판이라 하지 않는 이유이다. 그동안 한국어 교재가 1~4권만 있던 것을 이번에 작업하면서 5~6권까지 개발하여 1~6급까지 완성된 틀을 갖추게 되었다. 1~4권은 통합교재의 형식으로 만들고, 5~6권은 영역별 교재의 형식으로 되어 있어 한국어 학습 단계에 가장 효과적인 방식이라고 자평하고 있다.

모든 책에는 저자들의 철학이 반영된다. 한국어 교육 교재라고 예외일 수는 없다. 이 책은 제목에서도 나와 있듯이 "알기 쉽고, 재미있어야" 한다는 철학이 반영되어 있다. 한국어가 배우기 어려운 언어라는 편견을 불식시키기 위해서는 한국어 교육자들의 노력이 많이 필요하고, 그것의 가장 핵심적인 작업이 교재 편찬이라고 본다. 한국어 배우기가 재미있고, 한국어에서 아름다움과 정밀함을 느껴야 한다. 이러한 점이 반영되도록 이번 편찬 교재에서는 유튜브 등 다양한 매체를 활용하여 교육을 할 수 있도록 하였고, 보다 재미있고 다양한 활동들을 삽입하였다.

이 교재 작업의 헌사를 일일이 다 하기는 지면이 충분하지 않지만 그래도 가장 먼저 이 교재의 집필에 참여해 주신 분들의 노고를 잊을 수 없다. 처음 시작할 때와 달리 갈수록 많아지는 일에 대한 부담을 짊어지면서도 열정적으로 편찬 작업에 임해 준 다섯 분(이훈, 차준우, 이혜선, 조윤희, 이찬희)의 책임 편집자가 없었다면 편저본이 나올 수 없었을 것이다.

고된 업무 속에서도 교재 편찬을 위해 적극 후원해 주신 한국어교육원 원장님과 담당자, 그리고 이익을 구하지 않고 교재 편찬의 필요성에 적극 동참하여 지원을 아끼지 않은 산학협력단 단장님 이하 여러분께도 감사의 말씀을 드린다. 또한 부담이 될 정도의 많은 화료(畵料)와 편집료를 감당해 가면서도 기꺼이 출판을 맡아주신 태학사의 지현구 사장님과 편집진들께도 지면으로나마 감사의 말씀을 전한다.

모두 다 알다시피 교재에서 완성판이란 존재하지 않는다. 앞으로도 계속해서 한국어 교육에 관한 좋은 이론과 방법이 나올 것이고, 그에 따라 또 교재를 개편하는 작업을 해 나가야 할 것이다. 사회적인 분위기나 기술의 발달로 인해 변화의 속도가 빠른 만큼 앞으로는 디지털 교재(E-BOOK)를 추진할 필요가 있다. 한글이 세계에서 가장 우수한 문자이듯이 한국어도 세상에서 가장 배우기 쉽고, 재미있는 언어라는 생각이 들도록 중앙대학교 한국어교육원이 책임감을 가지고 교재를 편찬하고, 교육 방법을 개발해 나갈 것이다.

2018년 3월 1일

대표저자 이찬규(중앙대학교 국어국문학과 교수)

| 일러두기 |

《알기 쉽고 재미있는 중앙 한국어》는 외국어로서의 한국어를 배우는 외국인들을 위해 중앙대학교 한국어교육원이 개발한 한국어 교재이다. 이를 위해 일상생활에 필요한 기초적인 의사소통 능력을 기를 수 있는 주제부터 전문적이고 추상적인 주제까지를 포함하고 있다. 이 내용을 듣기, 말하기, 읽기, 쓰기 기능별로 연습 및 언어 활동이 가능하도록 구성하였다.

1 배워 봅시다

어휘 단원의 주제와 관련된 어휘를 사진 또는 삽화와 함께 제시하여 쉽고 재미있게 어휘를 학습할 수 있도록 하였다. 구 단위의 표현, 상투적인 표현 등을 포함하여, 단원에 따라서 간단한 연습 활동을 제시하여 수업 시간에 활용하거나 학습자 스스로 학습이 가능하도록 하였다.

문법 형태 정보: 목표 문형의 형태 결합 정보를 대표적인 예와 함께 제시하였다.
예문: 한국어의 다양한 형태 결합을 보여 줄 수 있는 예문을 단문 또는 담화문으로 제시하여 전형적인 사용 환경을 학습할 수 있도록 하였다. 가능한 한 일상생활과 밀접한 실제적 예문을 제시하여 실용성을 높이고자 하였다.

2 연습

연습해 봅시다

연습 활동을 통하여 목표 문형의 형태 결합 연습, 의미 확인 학습 및 사용이 가능하도록 하였다.

3 대화해 봅시다

제목 단원의 주제와 주요 목표 문형을 포함하는 문장으로 제시하였다.

삽화 대화문을 제시하기 전에 그 내용을 삽화로 제시하여 대화문의 내용 이해를 돕고, 대화문 학습을 위한 도입 자료로 활용할 수 있도록 하였다.

대화문 단원의 주제와 목표 문형을 포함한 문장으로 구성하였다. 단원을 도입하고 목표 문형이 사용되는 전형적인 환경을 구어 상황에서 학습할 수 있도록 하였다.

단어와 표현 대화문에 처음 출현한 어휘로 상용구, 상투적인 표현 등 다양한 유형의 어휘를 함께 제시하였다.

4 활동

들어 봅시다

다양한 유형의 활동을 통하여 한국어 듣기 능력을 기를 수 있도록 하였다.

말해 봅시다

다양한 유형의 활동을 통하여 종합적인 구어 사용 능력을 기를 수 있도록 하였다.

읽어 봅시다

다양한 유형의 활동을 통하여 한국어 읽기 능력을 기를 수 있도록 하였다.

써 봅시다

다양한 유형의 활동을 통하여 한국어 쓰기 능력을 기를 수 있도록 하였다.

이 교재의 듣기 파일은 중앙대학교 언어교육원 홈페이지에서
다운 받을 수 있습니다. http://korean.cau.ac.kr

| 각 과별 주제 및 문형과 표현 일람표 |

과	주제	제 목	문 법
1과	자기소개 인사하기	저는 한국 사람입니다	• 나라 • 직업 • N입니다 // N입니까? ① • N은/는 • N이/가 아닙니다
2과	물건 이름, 지시 대명사	이것은 무엇입니까?	• 물건 • N입니다 // N입니까? ② • 이것, 그것, 저것 // 이 N, 그 N, 저 N • N의 • N이/가 있습니다 / 없습니다
3과	위치	교실은 도서관 옆에 있습니다	• 장소 ① • 위치 • N이/가 • N에 N이/가 있습니다 / 없습니다 • N하고
4과	장소와 동사	도서관에서 책을 읽습니다	• 동사 ① • 장소 ② • A/V-(스)ㅂ니다 // A/V-(스)ㅂ니까? • N을/를 • N에 가다 / 오다 / 다니다 • N에서
5과	가족	아버지는 회사원입니다	• 가족 • 형용사 ① • N와/과 • N도 • A/V-지 않다

과	주제	제 목	문 법
6과	가게와 가격	이거 얼마예요?	• A/V-아/어요 • N예요/이에요 • 'ㅡ' 불규칙 • 수 ① • 얼마예요?
7과	주말 이야기	영화를 보고 운동했어요	• 날짜 • N에 • A/V-았/었- • N-였/이었- • A/V-고 // N(이)고
8과	식당과 음식	저는 비빔밥을 먹겠어요	• 맛 • 형용사 ② • 'ㅂ' 불규칙 • 안 A/V • 수 ② • 단위 명사 • V-겠-
9과	일상 생활	7시에 일어나요	• 시간 • N부터 N까지 • 그래서 • N와/과 같이 • N에게/한테 // N에게서/한테서
10과	날씨와 계절	어느 계절을 좋아해요?	• 계절 • 날씨 • 어느 N • N이/가 어때요? • A/V-지만 // N(이)지만 • V-(으)러 가다 / 오다

한국어와 한글

한국어는 한국인이 사용하는 언어이다.

한국에 거주하는 한국인과 해외 한국계 이주민을 합한 약 7700만 명이 사용한다.

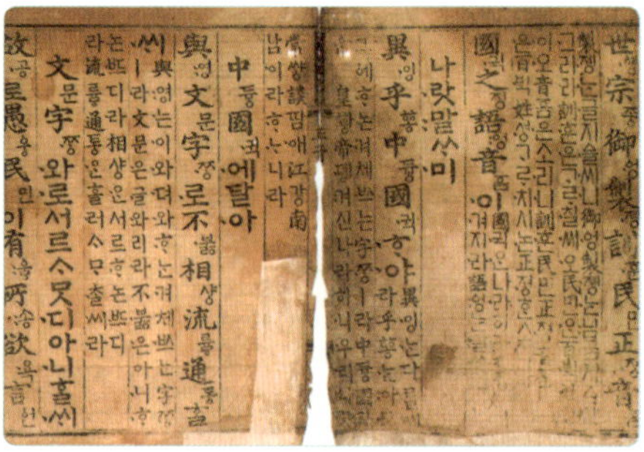

한글은 한국어를 표기하는 문자이다.

1443년 세종대왕이 국민들을 위해 누구나 쉽게 읽고 쓸 수 있도록 한글을 만들었다.

모음

1. 모음 ①

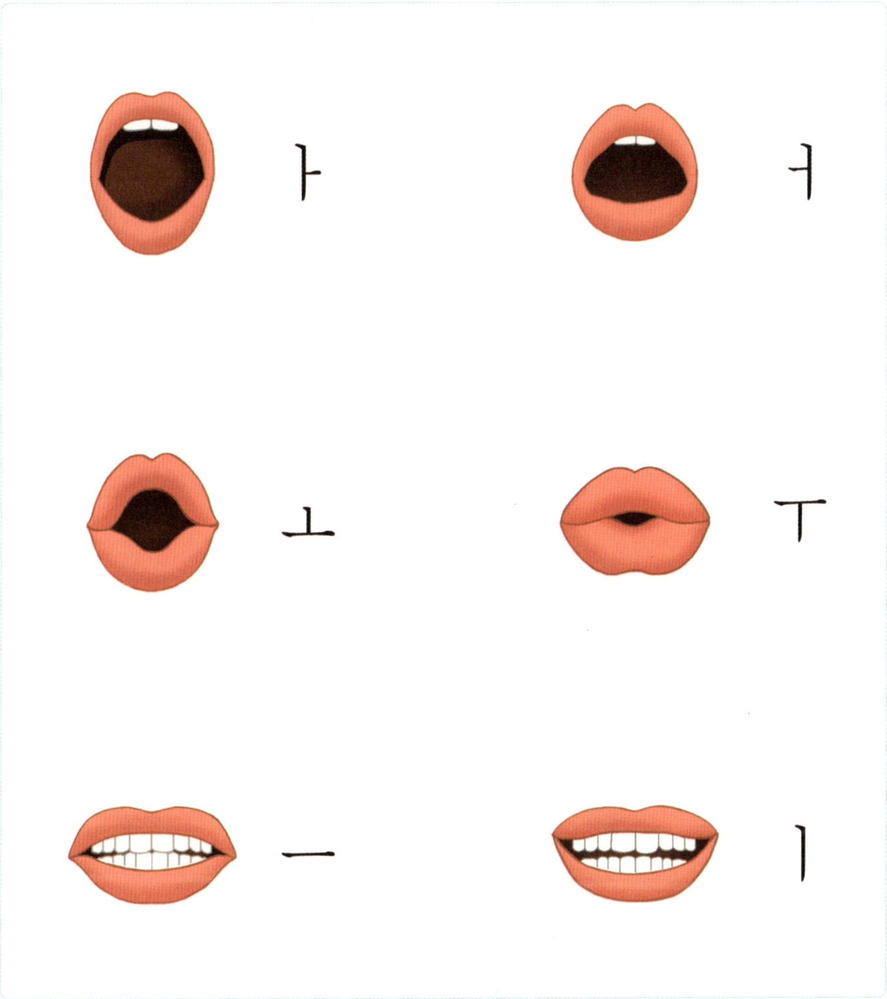

ㅏ ㅑ ㅓ ㅕ ㅗ ㅛ ㅜ ㅠ ㅡ ㅣ

ㅏ = 아　ㅗ = 오

▼ 연습해 봅시다.

글자	이름	쓰는 순서	연습
ㅏ	아	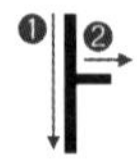	
ㅑ	야	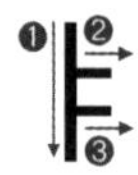	
ㅓ	어		
ㅕ	여	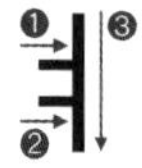	
ㅗ	오	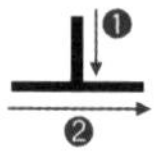	
ㅛ	요		
ㅜ	우		
ㅠ	유		
ㅡ	으		
ㅣ	이		

▼ 읽어 봅시다.

이	오	아이	오이	우유	여우

▼ 들어 봅시다.

(1) ① 으　② 아　③ 어　④ 이

(2) ① 오　② 우　③ 아　④ 야

(3) ① 아　② 야　③ 여　④ 유

(4) ① 요　② 으　③ 우　④ 어

(5) ① 야　② 여　③ 요　④ 유

▼ 듣고 써 봅시다.

(1) (　　　　)　(2) (　　　　)

(3) (　　　　)　(4) (　　　　)

(5) (　　　　)　(6) (　　　　)

2. 모음 ②

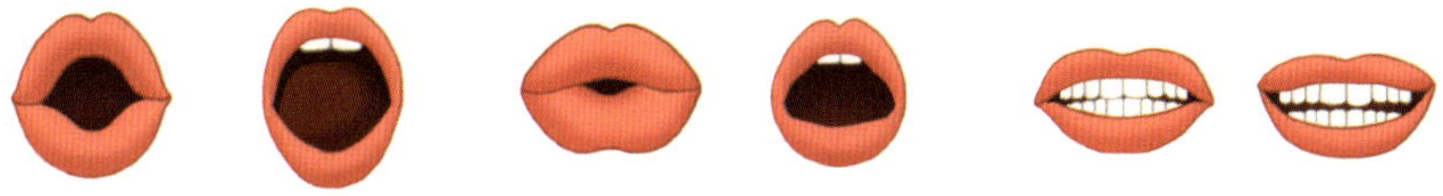

ㅗ + ㅏ	ㅜ + ㅓ	ㅡ + ㅣ
ㅘ	ㅝ	ㅢ

ㅐ　ㅔ　ㅒ　ㅖ　ㅘ　ㅙ　ㅚ　ㅝ　ㅞ　ㅟ　ㅢ

▼ 연습해 봅시다.

글자	이름	쓰는 순서	연습				
ㅐ	애	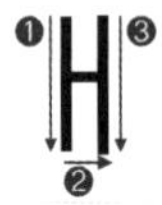					
ㅔ	에	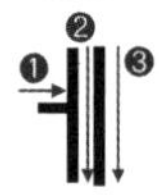					
ㅒ	얘						
ㅖ	예	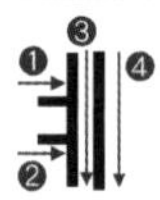					
ㅘ	와	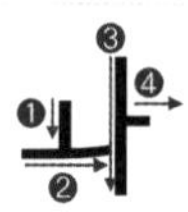					
ㅙ	왜	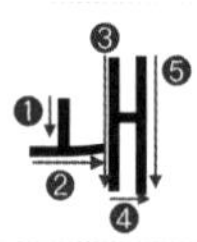					
ㅚ	외	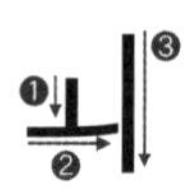					
ㅝ	워						
ㅞ	웨						
ㅟ	위	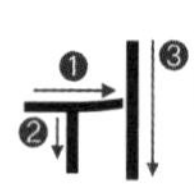					
ㅢ	의	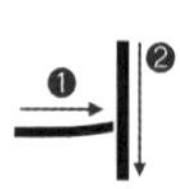					

▼ 읽어 봅시다.

위	왜	우애	우위	유의	예의

▼ 들어 봅시다.

(1) ① 애 ② 얘 ③ 왜 ④ 웨

(2) ① 외 ② 위 ③ 예 ④ 와

(3) ① 왜 ② 애 ③ 예 ④ 워

(4) ① 위 ② 의 ③ 왜 ④ 에

(5) ① 와 ② 외 ③ 얘 ④ 의

▼ 듣고 써 봅시다.

(1) (　　　　　　) (2) (　　　　　　)

(3) (　　　　　　) (4) (　　　　　　)

(5) (　　　　　　) (6) (　　　　　　)

자음

1. 자음 ①

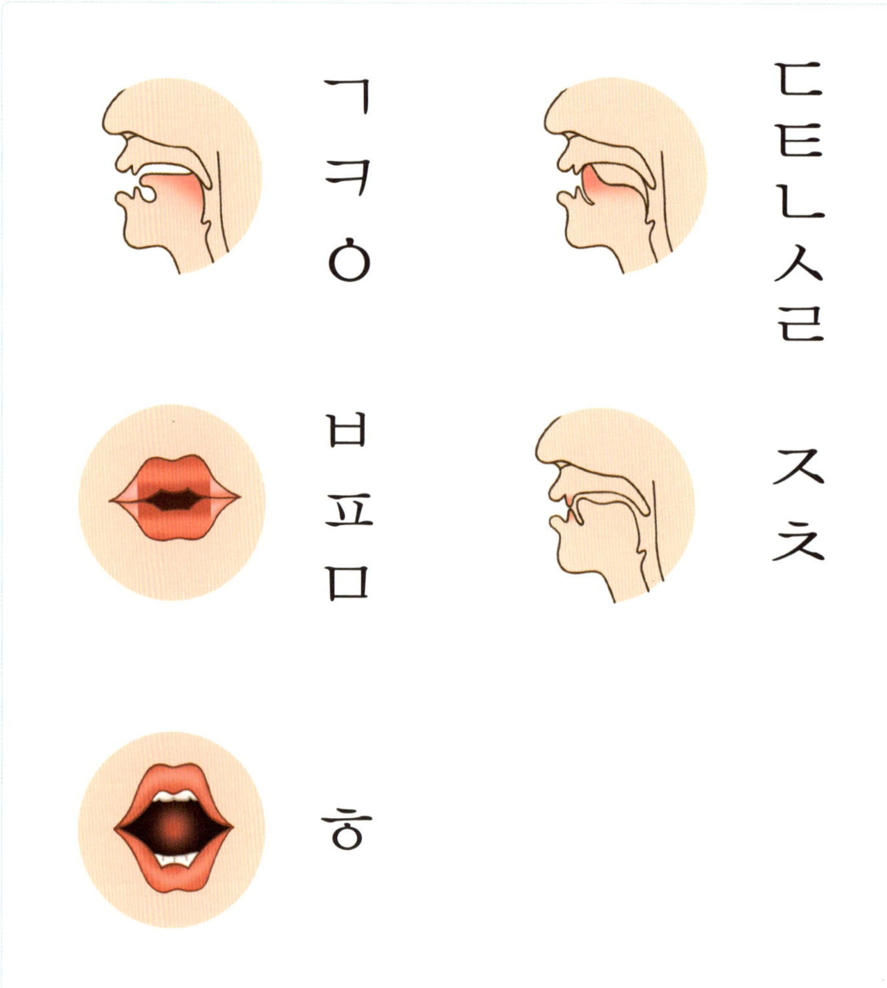

ㄱ ㄴ ㄷ ㄹ ㅁ ㅂ ㅅ ㅇ ㅈ ㅊ ㅋ ㅌ ㅍ ㅎ

ㄱ + ㅏ → 가　ㄱ + ㅗ → 고　ㄱ + ㅘ → 과

▼ 연습해 봅시다.

글자	이름	쓰는 순서	연습				
ㄱ	기역	ㄱ					
ㄴ	니은	ㄴ					
ㄷ	디귿	ㄷ					
ㄹ	리을	ㄹ					
ㅁ	미음	ㅁ					
ㅂ	비읍	ㅂ					
ㅅ	시옷	ㅅ					
ㅇ	이응	ㅇ					
ㅈ	지읒	ㅈ					
ㅊ	치읓	ㅊ					
ㅋ	키읔	ㅋ					
ㅌ	티읕	ㅌ					
ㅍ	피읖	ㅍ					
ㅎ	히읗	ㅎ					

▼ 읽어 봅시다.

가	나	다	라	마	바	사	아	자	차	카	타	파	하

고기	나비	다리	모자	커피	호수

▼ 들어 봅시다.

(1) ① 사　② 자　③ 다　④ 가

(2) ① 디　② 니　③ 시　④ 치

(3) ① 포　② 보　③ 코　④ 호

(4) ① 내　② 데　③ 레　④ 애

(5) ① 뫄　② 봐　③ 솨　④ 촤

▼ 듣고 써 봅시다.

(1) (　　　　)　(2) (　　　　)

(3) (　　　　)　(4) (　　　　)

(5) (　　　　)　(6) (　　　　)

2. 자음 ②

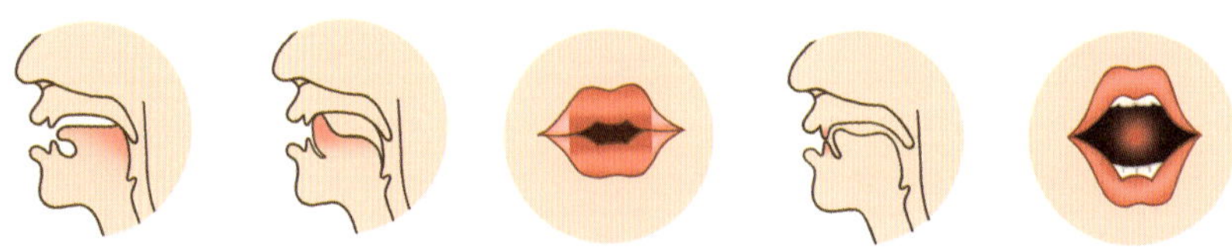

ㄲ　ㄸ　ㅃ　ㅆ　ㅉ

▼ 연습해 봅시다.

글자	이름	쓰는 순서	연습				
ㄲ	쌍기역						
ㄸ	쌍디귿	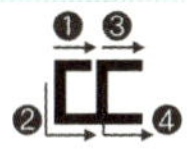					
ㅃ	쌍비읍	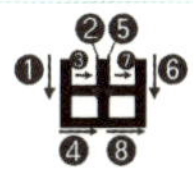					
ㅆ	쌍시옷						
ㅉ	쌍지읒						

▼ 읽어 봅시다.

꼬마	머리띠	뿌리	쓰레기	찌개

▼ 들어 봅시다.

(1) ① 까 ② 따

(2) ① 뚜 ② 뿌

(3) ① 쓰 ② 쯔

(4) ① 띠 ② 씨

(5) ① 꽤 ② 쫴

▼ 듣고 써 봅시다.

(1) (　　　　　　) (2) (　　　　　　)

(3) (　　　　　　) (4) (　　　　　　)

(5) (　　　　　　) (6) (　　　　　　)

3. 비슷한 자음

ㄱ	ㄲ	ㅋ
ㄷ	ㄸ	ㅌ
ㅂ	ㅃ	ㅍ
ㅅ	ㅆ	
ㅈ	ㅉ	ㅊ

▼ 연습해 봅시다.

	ㅏ	ㅓ	ㅗ	ㅜ	ㅡ	ㅣ
ㄱ						
ㄲ						
ㅋ						
ㄷ						
ㄸ						
ㅌ						

ㅂ						
ㅃ						
ㅍ						
ㅅ						
ㅆ						
ㅈ						
ㅉ						
ㅊ						

▼ 들어 봅시다.

(1) ① 가 ② 까 ③ 카

(2) ① 도 ② 토 ③ 또

(3) ① 부 ② 뿌 ③ 푸

(4) ① 시 ② 씨 ③ 쉬

(5) ① 즈 ② 쯔 ③ 츠

▼ 듣고 써 봅시다.

(1) ( ) (2) ( )

(3) ( ) (4) ( )

(5) ( ) (6) ( )

받침

1. 단받침

ㄱ + ㅏ + ㄱ → 각　ㄴ + ㅗ + ㄴ → 논

▼ 읽어 봅시다.

받침	발음	연습
ㄱ, ㄲ, ㅋ	[ㄱ]	악, 앆, 앜
ㄴ	[ㄴ]	안
ㄷ, ㅅ, ㅆ, ㅈ, ㅊ, ㅌ, ㅎ	[ㄷ]	앋, 앗, 았, 앚, 앛, 앝, 앟
ㄹ	[ㄹ]	알
ㅁ	[ㅁ]	암
ㅂ, ㅍ	[ㅂ]	압, 앞
ㅇ	[ㅇ]	앙

▼ 연습해 봅시다.

[ㄱ]	ㄱ		목			
	ㅋ		부엌			
	ㄲ		밖			
[ㄴ]	ㄴ		산			
			눈			
[ㄷ]	ㄷ		숟가락			
	ㅅ		옷			
	ㅆ		있다			
	ㅈ		낮			
	ㅊ		꽃			
	ㅌ	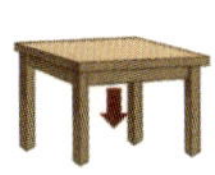	밑			
	ㅎ		까맣다			

[ㄹ]	ㄹ		달			
			얼굴			
[ㅁ]	ㅁ		밤			
			잠			
[ㅂ]	ㅂ		밥			
	ㅍ		옆			
[ㅇ]	ㅇ		공			
			징			

▼ 들어 봅시다.

(1) ① 각　② 갈

(2) ① 넙　② 넘

(3) ① 돕　② 돗

(4) ① 룰　② 룽

(5) ① 묵　② 묻

▼ 듣고 써 봅시다.

(1) (　　　　　)　(2) (　　　　　)

(3) (　　　　　)　(4) (　　　　　)

(5) (　　　　　)　(6) (　　　　　)

2. 겹받침

ㄷ + ㅏ + ㄹㄱ → 닭　　ㅁ + ㅗ + ㄱㅅ → 몫

▼ 읽어 봅시다.

받침	발음	연습
ㄱㅅ, ㄹㄱ	[ㄱ]	넋, 닭
ㄴㅈ, ㄴㅎ	[ㄴ]	앉-, 않-
ㄹㅂ, ㄹㅅ, ㄹㅌ, ㄹㅎ	[ㄹ]	넓-, 외곬, 핥-, 앓-
ㄹㅁ	[ㅁ]	삶
ㅂㅅ, ㄹㅍ, *ㄹㅂ	[ㅂ]	없-, 읊-, *밟-

▼ 연습해 봅시다.

[ㄱ]	ㄱ ㅅ	몫
		삯
	ㄹ ㄱ	붉
		흙
[ㄴ]	ㄴ ㅈ	앉-
		얹-
	ㄴ ㅎ	않-
		많-
[ㄹ]	ㄹ ㅂ	짧-
	ㄹ ㅅ	외곬
	ㄹ ㅌ	훑-
	ㄹ ㅎ	잃-
[ㅁ]	ㄹ ㅁ	굶-
		젊-
[ㅂ]	ㅂ ㅅ	값
	ㄹ ㅍ	읊-
	*ㄹ ㅂ	밟-

▼ 바르게 읽은 것을 찾아 봅시다.

(1) 삶 ① 살 ② 삼

(2) 값 ① 갑 ② 갓

(3) 넓 ① 널 ② 넙

(4) 앉 ① 안 ② 앚

(5) 넋 ① 넉 ② 넛

▼ 듣고 발음대로 써 봅시다.

(1) ( ) (2) ( )

(3) ( ) (4) ( )

(5) ( ) (6) ( )

▼ 읽기 연습

안	녕	하	세	요	?

만	나	서		반	갑	습	니	다	.

이	름	이		무	엇	입	니	까	?
[		]		[				]	

목	을		잡	아	요	.
[	]		[		]	

몫	을		받	아	요	.
[	]		[		]	

| 차례 |

1과

저는 한국 사람 입니다

배워 봅시다

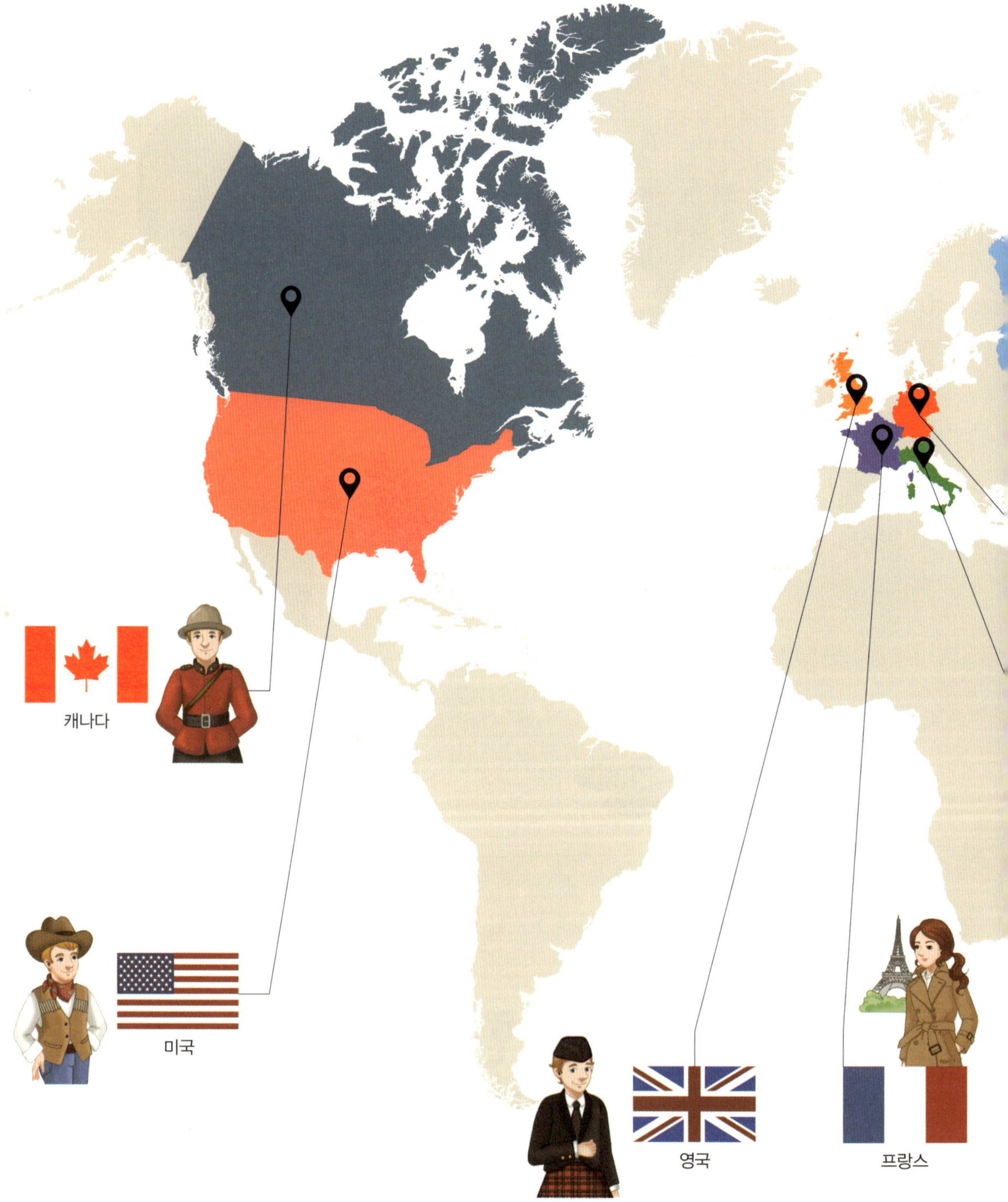

나라

직업

선생님

학생

회사원

요리사

의사

간호사

영화배우

경찰

기자

군인

가수

N입니다 // N입니까? ①

한국 사람입니다.

중국 사람입니다.

가: 일본 사람입니까?
나: 네, 일본 사람입니다.

가: 영국 사람입니까?
나: 네, 영국 사람입니다.

연습

(1)

가: 러시아 사람입니까?

나: 네, ______________________.

(2)

가: 베트남 사람입니까?

나: 네, ______________________.

(3)

가: ______________________?

나: 네, ______________________.

(4)

가: ______________________?

나: 네, ______________________.

(5)

가: ______________________?

나: ______________________.

(6)

가: ______________________?

나: ______________________.

N은/는

저는 톰입니다.

세실은 프랑스 사람입니다.

가: 하이디 씨는 독일 사람입니까?
나: 네, 독일 사람입니다.

연습

(1)

민수____ 한국 사람입니다.

(2)

왕명____ 중국 사람입니다.

(3)

톰____ 미국 사람입니다.

(4)

미호____ 일본 사람입니다.

(5)

소피아____ 이탈리아 사람입니다.

(6)

마이클____ 영국 사람입니다.

N이/가 아닙니다

X

○

수진 씨는 학생이 아닙니다.
선생님입니다.

X

○

앤디 씨는 회사원이 아닙니다.
의사입니다.

X

○

피터 씨는 요리사가 아닙니다.
기자입니다.

연습

(1)

가: 수지 씨는 영화배우입니까?

나: 아니요, 영화배우 ____________________.

가수입니다.

(2)

가: 민수 씨는 경찰입니까?

나: 아니요, 경찰 ____________________.

군인입니다.

(3)

가: 주영 씨는 의사입니까?

나: 아니요, ____________________

____________________.

(4)

가: 왕명 씨는 선생님입니까?

나: 아니요, ____________________

____________________.

(5)

가: 카일 씨는 요리사입니까?

나: ____________________

____________________.

대화해 봅시다

민수	안녕하세요? 저는 이민수입니다.
리사	안녕하세요? 저는 리사입니다. 민수 씨는 한국 사람입니까?
민수	네, 저는 한국 사람입니다. 리사 씨는 미국 사람입니까?
리사	아니요, 미국 사람이 아닙니다. 영국 사람입니다. 민수 씨는 선생님입니까?
민수	네, 선생님입니다.
리사	저는 요리사입니다. 만나서 반갑습니다.

▼

민수 씨는 한국 사람입니까?
리사 씨는 미국 사람입니까?
민수 씨는 요리사입니까?
리사 씨는 선생님입니까?

>>> 표현 <<<

- 안녕하세요?
- 만나서 반갑습니다.

들어 봅시다

Ⅰ 다음을 듣고 같으면 ○, 다르면 X 하십시오.

1. (　　　　)

마이클

2. (　　　　)

민수

3. (　　　　)

세실

Ⅱ 다음을 듣고 이름, 나라, 직업을 연결하십시오.

이름

- 앤디 •
- 주영 •
- 저스틴 •
- 안나 •
- 왕명 •

나라

- • 독일 사람 •
- • 일본 사람 •
- • 미국 사람 •
- • 한국 사람 •
- • 영국 사람 •
- • 호주 사람 •
- • 중국 사람 •
- • 러시아 사람 •

직업

- • 의사
- • 기자
- • 회사원
- • 간호사
- • 학생
- • 선생님
- • 가수
- • 요리사

말해 봅시다

I 친구들의 이름과 나라, 직업을 물어보십시오.

보기

가: 안녕하세요? 이름이 무엇입니까?
나: 저는 이수진입니다.
가: 이수진 씨는 어느 나라 사람입니까?
나: 저는 한국 사람입니다.
가: 학생입니까?
나: 아니요, 학생이 아닙니다.
가: 직업이 무엇입니까?
나: 선생님입니다.
가: 만나서 반갑습니다.
나: 네, 만나서 반갑습니다.

이름	나라	직업	
		×	○
이수진	한국 사람	학생	선생님

Ⅱ 자기소개를 하고 친구를 소개해 보십시오.

1. 여러분은 누구입니까? 친구들 앞에서 **보기** 처럼 소개하십시오.

보기

이름: 카일
나라: 미국
직업: 회사원

→ 안녕하세요?
저는 카일입니다.
저는 미국 사람입니다.
저는 학생이 아닙니다.
회사원입니다.
만나서 반갑습니다.

2. 다음의 | 명함 |을 뽑으십시오. 그리고 옆 친구를 다른 친구에게 소개하십시오.

| 명함 |

이름: 하이디
나라: 독일
직업: 간호사

보기 학생 1: 누구입니까?
학생 2: 하이디 씨입니다. 하이디 씨는 독일 사람입니다.
학생이 아닙니다. 간호사입니다.

| 명함 |

이름: 마리 나라: 프랑스 직업: 요리사	이름: 톰 나라: 미국 직업: 의사
이름: 프엉 나라: 베트남 직업: 가수	이름: 저스틴 나라: 호주 직업: 영화배우

읽어 봅시다

»» 여러분은 어느 나라 사람입니까? 직업이 무엇입니까?

I 다음을 보고 질문에 답하십시오.

(1) 이름이 무엇입니까?

(2) 어느 나라 사람입니까?

(3) 직업이 무엇입니까?

II 다음을 읽고 질문에 답하십시오.

보기

장예나 안녕하세요? 저는 장예나입니다. 이름이 무엇입니까?
김민수 저는 김민수입니다. 만나서 반갑습니다.
장예나 김민수 씨는 학생입니까?
김민수 아니요, 저는 학생이 아닙니다. 의사입니다.
장예나 씨는 직업이 무엇입니까?
장예나 저는 기자입니다.
김민수 장예나 씨는 한국 사람입니까?
장예나 아니요, 저는 한국 사람이 아닙니다. 저는 중국 사람입니다.
김민수 씨는 어느 나라 사람입니까?
김민수 저는 한국 사람입니다.

(1) 김민수 씨는 학생입니까?

(2) 장예나 씨는 의사입니까?

(3) 김민수 씨는 한국 사람입니까?

(4) 장예나 씨는 한국 사람입니까?

써 봅시다

I 다음 **보기** 와 같이 쓰십시오.

이름: 안나
나라: 러시아
직업: 기자

···▸ 안녕하세요?
저는 안나입니다.
러시아 사람입니다.
저는 기자입니다.
만나서 반갑습니다.

(1)

이름: 에릭
나라: 캐나다
직업: 경찰

···▸

(2)

이름: 이수진
나라: 한국
직업: 선생님

···▸

〈얼굴을 그리세요.〉

이름:

나라:

직업:

2과

이것은 무엇입니까?

배워 봅시다

물건

책

컴퓨터

휴대 전화 / 휴대폰

펜

시계

연필

지우개

사전

텔레비전

지갑

칠판

지도

가방

책상

의자

휴지

공책

학생증

모자

안경

우산

자동차

자전거

여권

우유

선물

개

강아지

고양이

N입니다 // N입니까? ②

가: 무엇입니까?
나: 가방입니다.

가: 책상입니까?
나: 네, 책상입니다.

가: 공책입니까?
나: 아니요, 공책이 아닙니다. 책입니다.

연습

(1)

가: 무엇입니까?

나: ______________________.

(2)

가: 무엇입니까?

나: ______________________.

(3)

가: 무엇입니까?

나: ______________________.

(4)

가: 무엇입니까?

나: ______________________.

(5)

가: 안경입니까?

나: ______________________.

______________________.

(6)

가: 지우개입니까?

나: ______________________.

______________________.

이것, 그것, 저것 // 이 N, 그 N, 저 N

가: 이것은 무엇입니까?
나: 이것은 모자입니다.

가: 저것은 무엇입니까?
나: 저것은 책입니다.

가: 그것은 무엇입니까?
나: 이것은 가방입니다.

가: 누구입니까?
나: 이 사람은 친구입니다.

가: 저분은 누구입니까?
나: 저분은 한국어 선생님입니다.

연습

(1)

가: 이것은 무엇입니까?

나: ______________ 입니다.

(2)

가: 이것은 ______________?

나: ______________.

(3)

가: ______________?

나: ______________.

(4)

가: ______________?

나: ______________.

(5)

가: ______________?

나: ______________.

(6)

가: ______________?

나: ______________.

N의

가: 누구의 모자입니까?
나: 미호 씨의 모자입니다.

가: 그것은 누구의 우산입니까?
나: 제 우산입니다.

가: 누구입니까?
나: 우리 선생님입니다.

나 + 의 → 나의 / 내	저 + 의 → 저의 / 제
너 + 의 → 너의 / 네	우리 + 의 → 우리의 / 우리

연습

(1)

왕명

(2)

유민

(3)

민수

(4)

미호

(5)

선생님

(1) ______________________________.

(2) ______________________________.

(3) ______________________________.

(4) ______________________________.

(5) ______________________________.

N이/가 있습니다 / 없습니다

가: 왕명 씨는 우산이 있습니까?
나: 네, 우산이 있습니다.

가: 학생증이 있습니까?
나: 아니요, 학생증이 없습니다.

가: 주스가 있습니까?
나: 아니요, 우유가 있습니다.

연습

(1)

가: 휴대폰이 있습니까?

나: 네, ______________________.

(2)

가: 학생이 있습니까?

나: 아니요, ______________________.

(3)

가: 한국 친구가 있습니까?

나: 네, ______________________.

(4)

가: 여자 친구가 있습니까?

나: 아니요, ______________________.

(5)

가: ______________________?

나: 네, ______________________.

(6)

가: ______________________?

나: 아니요, ______________________.

대화해 봅시다

왕명	이것은 무엇입니까?
유민	이것은 책입니다.
왕명	누구의 책입니까?
유민	제 책입니다.
왕명	저것은 무엇입니까?
유민	저것은 사전입니다.
왕명	누구의 사전입니까?
유민	민수 씨의 사전입니다.
왕명	유민 씨는 사전이 있습니까?
유민	네, 사전이 있습니다. 왕명 씨는 사전이 있습니까?
왕명	아니요, 사전이 없습니다.

▼

민수 씨는 무엇이 있습니까?
왕명 씨는 사전이 있습니까?
유민 씨는 무엇이 있습니까?

들어 봅시다

Ⅰ 누구의 물건입니까? 다음을 듣고 연결하십시오.

(1)  •　　　　• 민수 씨

(2)  •　　　　• 왕명 씨

Ⅱ 무엇입니까? 누구의 것입니까? 다음을 듣고 맞는 것을 고르십시오.

① 수진 씨의 책　　② 민수 씨의 책

③ 수진 씨의 공책　　④ 민수 씨의 공책

Ⅲ 다음을 듣고 맞는 것을 연결하십시오.

(1) 왕명 •　　　　• 

(2) 제인 •　　　　• 

(3) 유민 •　　　　• 

말해 봅시다

Ⅰ '있습니다 / 없습니다'를 사용해서 이야기해 보십시오.

1. **보기** 처럼 옆 사람과 이야기해 보십시오.

보기

가: 저는 학생증이 있습니다. 왕명 씨, 학생증이 있습니까?
나: 네, 있습니다. / 아니요, 없습니다.
가: 여권이 있습니까?
나: 네, 있습니다. / 아니요, 없습니다.

	학생증	여권	지갑	안경	우산	휴대폰	공책	모자	자전거	휴지
나	○									
친구										

2. 저는 이 물건이 있습니다(○). 친구는 이 물건이 있습니다(○). 무엇입니까?

__________, __________, __________, __________

Ⅱ 물건을 상자에 넣으십시오. 그리고 **보기** 처럼 이야기해 보십시오.

보기

가: 우산이 있습니까?
나: 아니요, 없습니다.

가: 휴대폰이 있습니까?
나: 네, 있습니다.

가: 이/저/그 휴대폰은/는 누구의 휴대폰입니까?
나: 이/저/그 휴대폰은/는 ○○ 씨의 휴대폰입니다.
(제 휴대폰입니다.)

읽어 봅시다

여러분은 친구가 있습니까? 그 친구는 어느 나라 사람입니까?
여러분은 무엇이 있습니까? 무엇이 없습니까?

안녕하세요? 제 이름은 왕명입니다. 중국 사람입니다. 중앙대학교 학생입니다. 저는 친구가 있습니다. 한국 친구가 있습니다. 일본 친구가 있습니다. 미국 친구가 있습니다. 한국 친구의 이름은 김민수입니다. 일본 친구의 이름은 다나카입니다. 미국 친구의 이름은 제인입니다.

김민수 씨는 휴대폰이 있습니다. 텔레비전이 있습니다. 다나카 씨는 사전이 있습니다. 제인 씨는 자동차가 있습니다.

저는 휴대폰이 있습니다. 컴퓨터가 있습니다. 자전거가 있습니다. 자동차가 없습니다.

대학교

1. 이 글을 읽고 같으면 ○, 다르면 × 하십시오.

(1) 왕명 씨는 중앙대학교 학생입니다. ( )

(2) 김민수 씨는 휴대폰이 없습니다. ( )

(3) 다나카 씨는 사전이 있습니다. ( )

(4) 제인 씨는 컴퓨터가 있습니다. ( )

(5) 왕명 씨는 자전거가 없습니다. ( )

2. 다음을 읽고 질문에 답하십시오.

(1) 왕명 씨는 어느 나라 사람입니까?

(2) 왕명 씨의 학교 이름은 무엇입니까?

(3) 한국 친구의 이름은 무엇입니까?

(4) 일본 친구는 무엇이 있습니까?

(5) 왕명 씨는 무엇이 있습니까? 무엇이 없습니까?

써 봅시다

- 여러분의 이름은 무엇입니까? 어느 나라 사람입니까? 직업이 무엇입니까?
- 무엇이 있습니까? 무엇이 없습니까?
- 친구가 있습니까? 친구의 이름은 무엇입니까? 어느 나라 사람입니까? 직업이 무엇입니까?
- 친구는 무엇이 있습니까? 무엇이 없습니까?

3과

교실은 도서관 옆에 있습니다

배워 봅시다

장소 ①

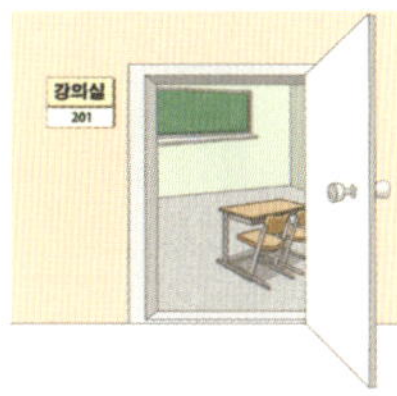

교실

기숙사

도서관

식당

서점

은행

우체국

백화점

영화관 / 극장

커피숍

약국

공원

병원

슈퍼마켓

집

학교

위치

책상 위에

책상 아래에 = 밑에

책상 앞에

책상 뒤에

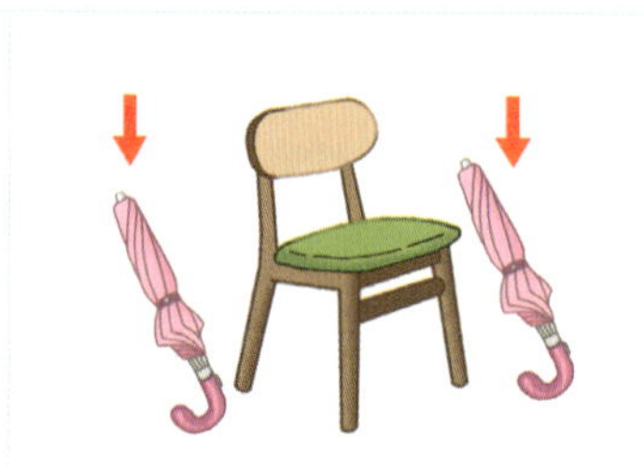

의자 옆에

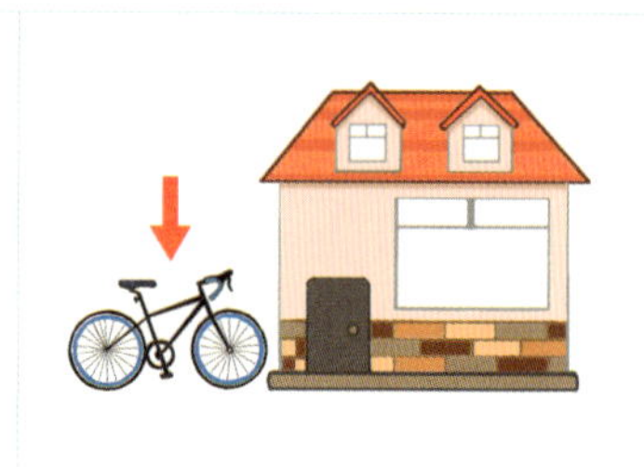

집 왼쪽에

집 오른쪽에

집하고 나무 사이에

집 안에

집 밖에

학교 건너편에

N이/가

가: 이름이 무엇입니까?
나: 마이클입니다.

가: 저스틴 씨가 의사입니까?
나: 네, 저스틴 씨가 의사입니다.

가: 누가 민수입니까?
나: 저 사람이 민수입니다.

나 + 가 → 내가　　　　저 + 가 → 제가
누구 + 가 → 누가

연습

(1) 학교에 마이클(이, 가) 있습니다.

(2) 친구(이, 가) 한국 사람입니다.

(3) 저스틴(이, 가) 의사입니다.

(4) 가: 어디에 민수(이, 가) 있습니까?
　　나: 공원에 있습니다.

(5) 가: 어디에 지도(이, 가) 있습니까?
　　나: 교실에 있습니다.

N에 N이/가 있습니다 / 없습니다

가: 교실에 지도가 있습니까?
나: 네, 교실에 지도가 있습니다.

가: 기숙사에 텔레비전이 있습니까?
나: 아니요, 기숙사에 텔레비전이 없습니다.

가: 도서관에 무엇이 있습니까?
나: 도서관에 책이 있습니다.

연습

(1)

가: 도서관에 무엇이 있습니까?
나: ________________.

(2)

가: 백화점에 무엇이 있습니까?
나: ________________.

(3)

안나

가: 누가 어디에 있습니까?
나: ________________.

(4)

수진

가: 수진 씨가 지금 식당에 있습니까?
나: 아니요, ________________.
________________.

(5)

다나카

가: 다나카 씨가 지금 병원에 있습니까?

나: 아니요, ______________________.

______________________.

무엇이 어디에 있습니까?

N하고

가: 공원에 누가 있습니까?
나: 마이클 씨**하고** 안나 씨가 있습니다.

가: 도서관에 무엇이 있습니까?
나: 도서관에 책상**하고** 컴퓨터가 있습니다.

가: 집에 무엇이 있습니까?
나: 집에 텔레비전**하고** 침대가 있습니다.

연습

(1)

가: 무엇이 있습니까?
나: ______________________________.

(2)

가: 책상에 무엇이 있습니까?
나: ______________________________.

(3)

가: 가방에 무엇이 있습니까?
나: ______________________________.

(4)

가: 교실에 무엇이 있습니까?
나: ______________________________.

(5)

니콜 / 필립

가: 극장에 누가 있습니까?
나: ______________________________.

대화해 봅시다

카일 민수 씨가 식당에 있습니까?

제인 아니요, 식당에 없습니다.

카일 민수 씨가 어디에 있습니까?

제인 교실에 있습니다.

카일 교실이 어디에 있습니까?

제인 교실은 도서관 옆에 있습니다.

카일 교실에 무엇이 있습니까?

제인 교실에 책상하고 의자가 있습니다.

▼

민수 씨가 식당에 있습니까?
민수 씨는 어디에 있습니까?
교실은 도서관 안에 있습니까?
교실에 무엇이 있습니까?

들어 봅시다

Ⅰ 책이 어디에 있습니까?

①

②

③

④

Ⅱ 휴대폰이 어디에 있습니까?

①

②

③

④

Ⅲ 수진 씨가 어디에 있습니까?

① ②
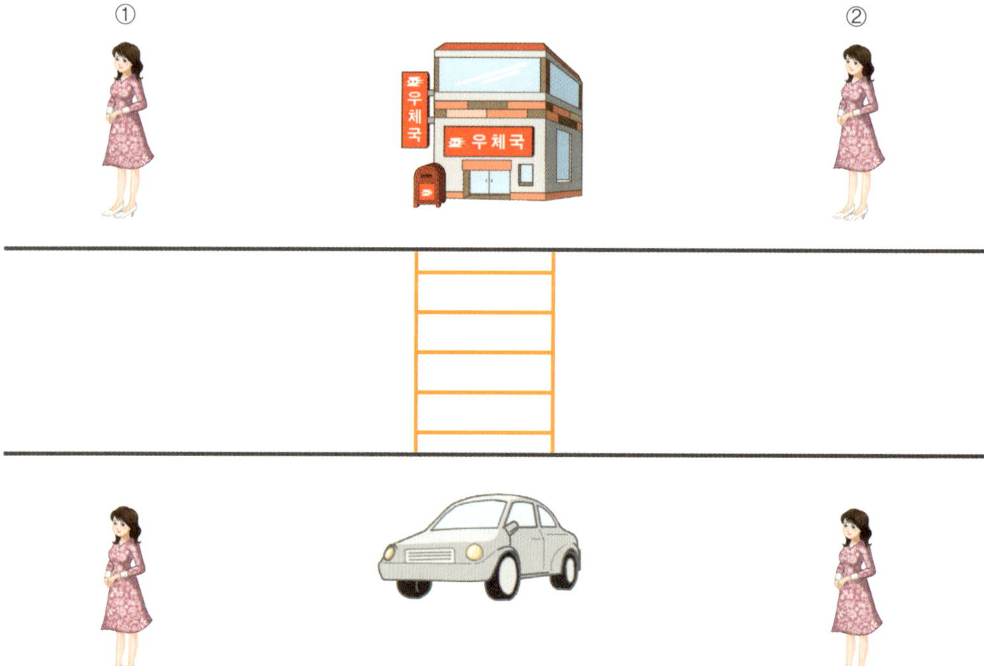

③ ④

Ⅳ 다음을 듣고 같으면 ○, 다르면 × 하십시오.

(1) (   )

(2) (   )

(3) (   )

(4) (   )

말해 봅시다

I 건물이 어디에 있습니니까? 친구의 설명을 듣고 찾으십시오.

〈학생 가〉 병원 우체국 도서관 슈퍼마켓 백화점

보기
가: 병원이 어디에 있습니까?
나: 병원이 극장 건너편에 있습니다.

〈학생 나〉 은행 커피숍 식당 서점 화장실

보기

가: 은행이 어디에 있습니까?
나: 은행이 커피숍 건너편에 있습니다.

Ⅱ 어디에 있습니까? '위, 아래, 앞, 뒤, 옆, 오른쪽, 왼쪽, 사이, 건너편'을 사용해 이어 말하기를 해봅시다.

보기

가: 기숙사가 어디에 있습니까?
나: 교실 옆에 기숙사가 있습니다.

가: 서점이 어디에 있습니까?
나: 교실 옆에 기숙사가 있습니다. 기숙사 아래에 서점이 있습니다.

읽어 봅시다

여러분의 집 근처에 무엇이 있습니까? 무엇이 없습니까?

저는 왕명입니다. 우리 집은 흑석동에 있습니다. 우리 집 오른쪽에 슈퍼마켓이 있습니다. 슈퍼마켓 옆에 식당이 있습니다. 우리 집 뒤에 병원하고 약국이 있습니다. 약국 위에 병원이 있습니다. 우리 집 건너편에 은행이 있습니다. 식당 건너편에 영화관이 있습니다. 은행하고 영화관 사이에 서점이 있습니다. 저는 지금 커피숍에 있습니다. 커피숍이 공원 안에 있습니다. 공원이 식당 뒤에 있습니다.

Ⅰ 위의 장소를 아래에 그리십시오.

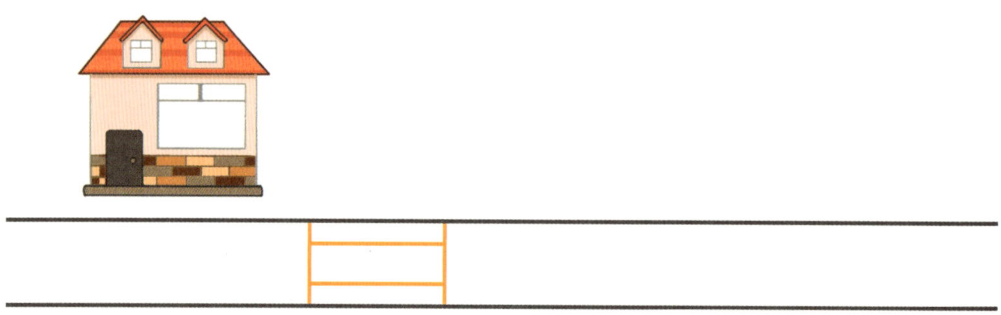

Ⅱ 이 글을 읽고 같으면 ○, 다르면 × 하십시오.

(1) 왕명 씨의 집 뒤에 약국이 있습니다. (   )

(2) 슈퍼마켓 건너편에 서점이 있습니다. (   )

(3) 공원 안에 커피숍이 있습니다. (   )

(4) 공원 앞에 은행이 있습니다. (   )

(5) 왕명 씨의 집하고 식당 사이에 슈퍼마켓이 있습니다. (   )

써 봅시다

- 여러분의 방에 무엇이 있습니까? 무엇이 없습니까?
- 그것이 어디에 있습니까?

4과

도서관에서 책을 읽습니다

배워 봅시다

동사 ①

가다

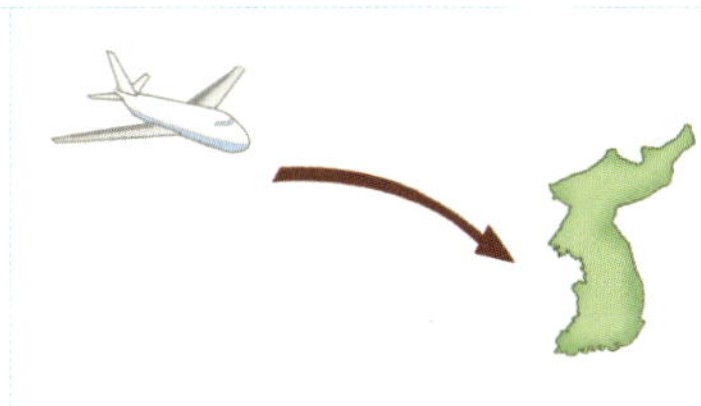

오다

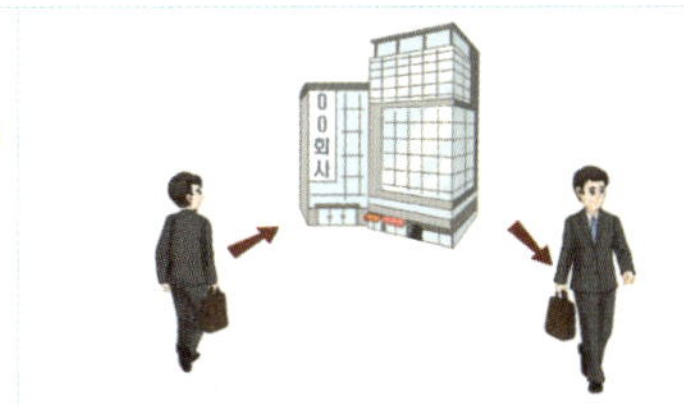

다니다

먹다

마시다

자다

가르치다 / 배우다

만나다

보다

듣다

읽다

쓰다

사다 / 팔다

주다 / 받다

춤추다

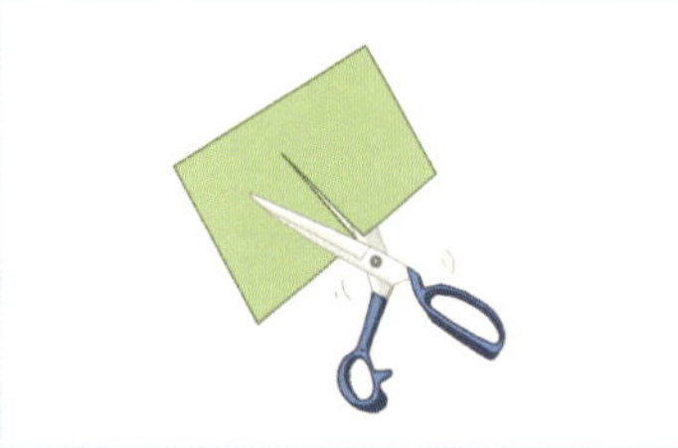

자르다

기다리다

타다

운동하다

숙제하다

일하다

공부하다

노래하다

쇼핑하다

요리하다

청소하다

산책하다

말하다

이야기하다

좋아하다

장소 ②

체육관

운동장

회사

박물관

공항

대사관

문구점

시장

정류장

편의점

옷 가게

미용실

여기

저기

거기

A/V-(스)ㅂ니다 // A/V-(스)ㅂ니까?

가: 쓰니까?
나: 네, 씁니다.

가: 읽습니까?
나: 네, 읽습니다.

가: 공부합니까?
나: 네, 공부합니다.

연습

(1)

______________.

(2)

______________.

(3)

______________.

(4)

______________.

(5)

가: 공부합니까?

나: 아니요, ______________.

(6)

가: 청소합니까?

나: 아니요, ______________.

N을/를

가: 제인 씨가 무엇을 합니까?
나: 빵을 먹습니다.

가: 왕명 씨는 커피를 좋아합니까?
나: 네, 커피를 좋아합니다.

가: 유민 씨는 무엇을 봅니까?
나: 영화를 봅니다.

연습

(1)

가: 무엇을 합니까?
나: ______________________.

(2)

가: 무엇을 합니까?
나: ______________________.

(3)

가: 무엇을 합니까?
나: ______________________.

(4)

가: 무엇을 합니까?
나: ______________________.

(5)

가: 무엇을 합니까?
나: ______________________.

N에 가다 / 오다 / 다니다

가: 어디에 갑니까?
나: 학교에 갑니다.

가: 누가 집에 옵니까?
나: 친구가 집에 옵니다.

가: 어디에 다닙니까?
나: 회사에 다닙니다.

연습

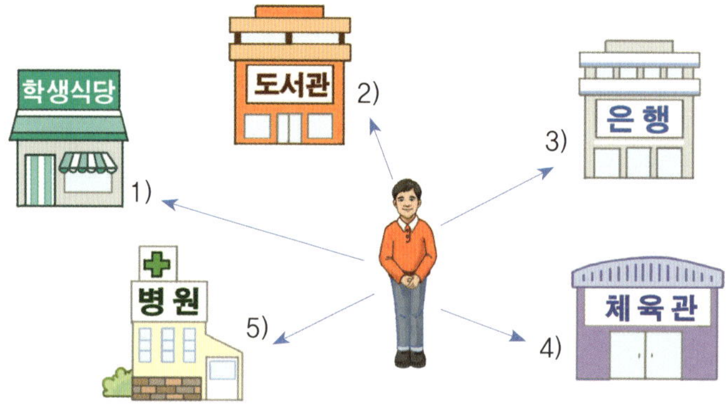

(1) 가: 어디에 갑니까?
　　나: ______________________.

(2) 가: 어디에 갑니까?
　　나: ______________________.

(3) 가: ______________________?
　　나: ______________________.

(4) 가: ______________________?
　　나: ______________________.

(5) 가: ______________________?
　　나: ______________________.

N에서

가: 어디**에서** 밥을 먹습니까?
나: 식당**에서** 밥을 먹습니다.

가: 어디**에서** 한국어를 배웁니까?
나: 중앙대학교**에서** 한국어를 배웁니다.

가: 어디**에서** 운동을 합니까?
나: 체육관**에서** 운동을 합니다.

연습

(1) 
공원

- ______________________________.
- ______________________________.
- ______________________________.

(2) 

백화점

- ______________________________.
- ______________________________.
- ______________________________.

(3) 

커피숍

- ______________________________.
- ______________________________.
- ______________________________.

(4) 
도서관

- ______________________________.
- ______________________________.
- ______________________________.

(5) 

공항

- ______________________________.
- ______________________________.
- ______________________________.

대화해 봅시다

마이클 유민 씨, 지금 어디에 갑니까?

유 민 커피숍에 갑니다.

마이클 커피숍이 어디에 있습니까?

유 민 학교 앞에 있습니다.

마이클 커피숍에서 무엇을 합니까?

유 민 커피숍에서 친구를 만납니다. 마이클 씨는 어디에 갑니까?

마이클 도서관에 갑니다.

유 민 거기에서 무엇을 합니까?

마이클 도서관에서 책을 읽습니다. 그리고 숙제를 합니다.

▼

유민 씨는 어디에 갑니까?

커피숍이 어디에 있습니까?

유민 씨는 커피숍에서 무엇을 합니까?

마이클 씨는 도서관에서 무엇을 합니까?

들어 봅시다

Ⅰ 다음 설명을 들으십시오. 여기가 어디입니까?

(1)

① 

② 

③ 

④ 

(2)

① 

② 

③ 

④ 

(3)

① 

② 

③ 

④ 

Ⅱ 다음을 듣고 질문에 답하십시오.

1. 같으면 ○, 다르면 × 하십시오.

(1) 안나 씨는 오늘 학교에 갑니다. (　　)

(2) 안나 씨는 친구 집에서 텔레비전을 봅니다. (　　)

(3) 안나 씨는 친구 집에서 숙제를 합니다. (　　)

(4) 왕명 씨는 오늘 공항에 갑니다. (　　)

(5) 왕명 씨는 오늘 고향에 갑니다. (　　)

2. 다음 질문에 답하십시오.

(1) 안나 씨는 오늘 학교에 갑니까?

(2) 안나 씨는 오늘 무엇을 합니까?

(3) 안나 씨는 집에서 드라마를 봅니까?

(4) 왕명 씨는 오늘 어디에 갑니까?

(5) 누가 한국에 옵니까?

말해 봅시다

I 보기와 같이 친구와 이야기해 보십시오.

1. 보기 처럼 옆 사람과 이야기해 보십시오.

보기
가: 누가 어디에서 무엇을 합니까?
나: 친구가 영화관에서 영화를 봅니다.
❶ ❷ ❸ ❹

❶ **누가?**

친구, 가수, 경찰, 군인, 기자, 선생님, 학생, 영화배우, 요리사, 의사, 간호사, 회사원

❷ **어디에서?**

극장, 집, 교실, 식당, 백화점, 학교, 방, 공원, 도서관, 커피숍, 기숙사, 병원, 서점, 슈퍼마켓, 약국, 우체국, 은행

❸ **무엇을?**

영화, 드라마, 텔레비전, 신문, 책, 편지, 숙제, 친구, 의사, 라면, 김밥, 빵, 커피, 가방, 약, 모자, 한국어, 영어, 한국음악

❹ **합니까?**

보다, 가르치다, 배우다, 기다리다, 듣다, 마시다, 만나다, 먹다, 사다, 팔다, 쓰다, 읽다, 자다, 좋아하다, 주다, 받다, 춤추다, 타다, 공부하다, 노래하다, 말하다, 산책하다, 쇼핑하다, 숙제하다, 요리하다, 운동하다, 이야기하다, 일하다, 청소하다

Ⅱ 다음 문장을 한 사람이 몸짓으로 연기하십시오. 친구들은 한국어로 말하십시오.

보기 공원에서 산책을 합니다.

(1) 도서관에서 책을 읽습니다.

(2) 방에서 청소를 합니다.

(3) 백화점에서 화장품을 삽니다.

(4) 커피숍에서 친구를 만납니다.

(5) 식당에서 밥을 먹습니다.

(6) 기숙사에서 음악을 듣습니다.

(7) 교실에서 숙제를 합니다.

(8) 체육관에서 운동을 합니다.

(9) 노래방에서 노래를 합니다.

(10) 집에서 요리를 합니다.

읽어 봅시다

여러분은 오늘 어디에 갑니까?
거기에서 무엇을 합니까?

I 다음과 같이 친구와 이야기해 보십시오.

제 이름은 제인입니다. 저는 미국 사람입니다. 저는 중앙 학원에 다닙니다. 중앙 학원은 명동에 있습니다. 저는 학생이 아닙니다. 중앙 학원에서 영어를 가르칩니다.

오늘 영어 수업이 없습니다. 저는 오늘 명동에서 친구를 만납니다. 친구하고 저는 영화를 좋아합니다. 영화관에서 영화를 봅니다.

제 이름은 여명입니다. 중국 사람입니다. 저는 회사원이 아닙니다. 학생입니다. 중앙대학교에서 한국어를 공부합니다. 중앙대학교는 흑석동에 있습니다.

학교 친구가 내일 고향에 갑니다. 친구의 고향은 베트남입니다. 오늘 우리 집에서 파티를 합니다. 학교 친구들이 우리 집에 옵니다. 저는 오늘 중국 요리를 합니다. 친구들하고 저는 식사를 합니다. 그리고 노래방에 갑니다. 우리는 한국 노래를 좋아합니다. 노래방에서 한국 노래를 합니다. 거기에서 춤을 춥니다.

학원 / 수업 / 내일 / 고향 / 친구들 / 노래방

1. 위의 글을 읽고 '제인'과 관계있는 것에 ○, '여명'과 관계있는 것에 △를 하십시오.

선생님	중국 사람	학생	미국 사람
가르치다	요리하다	배우다	파티하다
노래를 하다	춤을 추다	영화를 보다	식사하다
영화를 좋아하다	영어	한국어	명동
중앙 학원	중앙대학교	노래방	영화관

2. 이 글을 읽고 같으면 ○, 다르면 × 하십시오.

(1) 제인 씨는 학원에서 한국어를 배웁니다. ( )

(2) 제인 씨는 영화를 좋아합니다. ( )

(3) 여명 씨는 오늘 회사에 갑니다. ( )

(4) 여명 씨하고 친구들은 집에서 식사를 합니다. ( )

(5) 여명 씨는 고향에 갑니다. ( )

3. 다음 질문에 답하십시오.

(1) 제인 씨는 중앙 학원에서 무엇을 합니까?

(2) 제인 씨는 오늘 수업이 있습니까?

(3) 제인 씨는 오늘 무엇을 합니까?

(4) 여명 씨는 오늘 집에서 무엇을 합니까?

(5) 여명 씨는 오늘 왜 파티를 합니까?

써 봅시다

- 여러분은 오늘 어디에 갑니까?
- 거기가 어디에 있습니까? 거기에서 무엇을 합니까?
- 여러분의 하루를 쓰십시오.

60

120

180

5과

아버지는 회사원입니다

배워 봅시다

가족

할아버지
할머니
외할아버지
외할머니
아버지
어머니
형
누나
나
남동생
여동생
오빠
언니
나
남동생
여동생
나
아내
남편
나
딸
아들
딸
아들

형용사 ①

크다

작다

(키가) 크다

(키가) 작다

많다

적다

길다

짧다

싸다

비싸다

깨끗하다

더럽다

날씬하다

뚱뚱하다

좋다

나쁘다

재미있다

재미없다

맛있다

맛없다

편하다

불편하다

예쁘다

친절하다

N와/과

가: 한국 음식을 좋아합니까?
나: 네, 비빔밥과 불고기를 좋아합니다.

가: 학교에서 무엇을 배웁니까?
나: 한국어와 영어를 배웁니다.

가: 슈퍼마켓에서 무엇을 삽니까?
나: 슈퍼마켓에서 우유와 빵을 삽니다.

연습

(1) 우리 아버지_____ 어머니는 베이징에 있습니다.

(2) 슈퍼마켓에서 물_____ 우유를 삽니다.

(3) 김민수 씨_____ 이수진 씨는 친구입니다.

(4) 내 방에 침대_____ 책상_____ 의자_____ 컴퓨터가 있습니다.

(5) 나는 휴대폰_____ 사전_____ 자전거가 없습니다.

N도

가: 사과를 좋아합니까?
나: 네, 사과를 좋아합니다. 바나나**도** 좋아합니다.

가: 언니가 있습니까?
나: 네, 언니가 있습니다. 오빠**도** 있습니다.

가: 왕명 씨가 학생입니까?
나: 네, 왕명 씨는 학생입니다. 그리고 다나카 씨**도** 학생입니다.

연습

(1)

가: 무엇을 먹습니까?
나: ______________________.
______________________.

(2)

가: 무엇을 삽니까?
나: ______________________.
______________________.

(3)

가: 교실에 무엇이 있습니까?
나: ______________________.
______________________.

(4)

김유나 / 이유민

가: 누구를 만납니까?
나: ______________________.
______________________.

(5)

가: 무엇을 봅니까?
나: ______________________.
______________________.

A/V-지 않다

가: 고기를 좋아합니까?
나: 아니요, 고기를 좋아하지 않습니다.

가: 필립 씨, 회사에 다닙니까?
나: 아니요, 회사에 다니지 않습니다. 학생입니다.

가: 구두가 편합니까?
나: 아니요, 편하지 않습니다. 불편합니다.

연습

(1) 가: 커피를 좋아합니까? (커피 × 주스 ○)

나: ______________________________.

(2) 가: 영어를 배웁니까? (영어 × 한국어 ○)

나: ______________________________.

(3) 가: 빵을 먹습니까? (빵 × 우유 ○)

나: ______________________________.

(4) 가: 동생은 키가 큽니까? (크다 × 작다 ○)

나: ______________________________.

(5) 가: 여자 친구의 머리가 깁니까? (길다 × 짧다 ○)

나: ______________________________.

대화해 봅시다

왕명 안녕하세요? 제 이름은 왕명입니다.
우리 가족은 아버지, 어머니, 누나, 저입니다.

유민 아버지의 직업은 무엇입니까?

왕명 아버지는 회사원입니다. 아버지는 수영과 골프를 좋아합니다.

유민 어머니도 회사에 다닙니까?

왕명 아니요, 회사에 다니지 않습니다.
우리 어머니는 주부입니다. 어머니는 요리를 좋아합니다.

유민 누나는 무엇을 합니까?

왕명 누나는 대학생입니다.
누나는 영화를 좋아합니다. 그리고 노래도 좋아합니다.

▼

아버지는 무엇을 좋아합니까?
아버지의 직업은 무엇입니까?
어머니는 회사에 다닙니까?
누나는 무엇을 좋아합니까?

들어 봅시다

Ⅰ 다음을 듣고 질문에 답하십시오.

(1) 마리 씨는 어느 나라 사람입니까?

(2) 마리 씨는 어디에서 무엇을 먹습니까?

(3) 마리 씨는 무엇과 무엇을 좋아합니까?

(4) 마리 씨는 무엇을 좋아하지 않습니까?

(5) 마리 씨는 학교에서 무엇을 합니까?

Ⅱ 다음을 듣고 질문에 답하십시오.

1. 듣고 표에 쓰십시오.

	직업	좋아합니다
장위	회사원	
아내		
아들		
딸		

2. 같으면 ○, 다르면 × 하십시오.

(1) 장위 씨는 영화를 좋아합니다. (   )

(2) 장위 씨의 아내는 한국어를 가르칩니다. (   )

(3) 장위 씨의 아들과 딸은 대학생입니다. (   )

(4) 장위 씨의 아들은 중앙대학교에서 노래를 배웁니다. (   )

(5) 장위 씨의 딸은 한국 드라마를 좋아합니다. (   )

말해 봅시다

I 다음 그림을 보고 단어를 사용해서 **보기** 처럼 묻고 '-지 않습니다'로 답하십시오.

보기

가: 주영 씨가 사과를 먹습니까?
나: 아니요, 사과를 먹지 않습니다. 주스를 마십니다.
주영 씨의 여동생이 사과를 먹습니다.

(1)

주영 / 여동생

(2)

안나 / 필립

(3)

어머니 / 아버지

(4)

할아버지 / 할머니

(5)

다나카 / 미호

(6)

선생님 / 마이클

먹다	마시다	노래하다	춤추다
요리하다	운동하다	읽다	쓰다
팔다	사다	가르치다	배우다

Ⅱ 친구에게 가족을 소개하십시오.

1. **보기** 처럼 반 친구들에게 묻고 표를 만들어 보십시오.

보기

가: 이름이 무엇입니까?
나: 김민수입니다.
가: 고향이 어디입니까?
나: 부산입니다.
가: 지금 어디에 삽니까?
나: 흑석동에 삽니다.
가: 김민수 씨는 무엇을 좋아합니까?
나: 저는 농구와 노래를 좋아합니다.
가: 축구도 좋아합니까?
나: 네, 축구도 좋아합니다.
가: 무엇을 좋아하지 않습니까?
나: 컴퓨터 게임을 좋아하지 않습니다.
가: 가족이 있습니까?
나: 네, 있습니다. 아버지와 어머니와 동생이 있습니다.
가: (아버지 / 어머니)의 직업은 무엇입니까?
나: 회사원입니다.

이름	고향	집	좋아합니다	좋아하지 않습니다	가족	(아버지 / 어머니)의 직업
김민수	부산	흑석동	농구, 노래, 축구	컴퓨터 게임	아버지, 어머니, 동생	회사원

읽어 봅시다

여러분은 가족이 있습니까? 누가 있습니까?
여러분의 가족은 어디에 있습니까? 무엇을 합니까? 무엇을 좋아합니까?

I 다음을 읽고 질문에 답하십시오.

제 이름은 왕명입니다. 중국 사람입니다.

우리 가족은 아버지, 어머니, 누나, 형, 여동생, 저입니다. 아버지는 회사에 다닙니다. 아버지는 등산을 좋아합니다.

어머니는 음악 선생님입니다. 중학교에서 음악을 가르칩니다. 어머니는 노래를 좋아합니다. 누나는 방송국 기자입니다. 누나는 요리를 좋아합니다. 누나는 매일 요리를 합니다.

형은 대학생입니다. 대학교에서 영화를 공부합니다. 형은 한국 드라마와 영화를 좋아합니다.

여동생은 중학생입니다. 여동생은 컴퓨터 게임을 좋아합니다.

저는 고등학생입니다. 저는 축구를 잘합니다. 그리고 농구도 잘합니다. 컴퓨터 게임을 좋아하지 않습니다.

등산 / 방송국 / 매일 / 중학생 / 고등학생 / 축구 / 잘하다 / 농구

1. 이 글을 읽고 같으면 ○, 다르면 × 하십시오.

(1) 아버지의 직업은 회사원입니다. ( )

(2) 어머니는 요리사입니다. ( )

(3) 누나는 영화를 좋아합니다. ( )

(4) 형은 대학교에 다닙니다. ( )

(5) 나는 컴퓨터 게임을 좋아합니다. ( )

2. 누가 무엇을 좋아합니까? 연결하십시오.

아버지 • • 컴퓨터 게임 

어머니 • • 영화 

누나 • • 노래 

여동생 • • 요리 

나 • • 등산 

형 • • 운동 

3. 다음 질문에 답하십시오.

(1) 아버지의 직업은 무엇입니까?

(2) 어머니의 직업은 무엇입니까?

(3) 누나는 어디에 다닙니까?

(4) 형은 대학교에서 무엇을 공부합니까?

(5) 누가 운동을 좋아합니까?

Ⅱ 다음을 읽고 질문에 답하십시오.

이 사람은 우리 형입니다. 형은 대학생입니다. 중앙대학교에서 영화를 공부합니다. 형은 한국 영화를 좋아합니다. 형은 한국 드라마도 좋아합니다. 형은 청소를 좋아하지 않습니다. 형의 방이 깨끗하지 않습니다. 조금 더럽습니다.

형은 여자 친구가 있습니다. 형의 여자 친구도 대학생입니다. 한국 사람입니다. 중앙대학교에서 사진을 공부합니다. 형의 여자 친구는 예쁩니다. 그리고 날씬합니다. 머리가 깁니다. 형의 여자 친구는 쇼핑을 좋아합니다. 구두와 가방이 많이 있습니다.

사진

1. 다음 질문에 답하십시오.

(1) 형은 무엇을 좋아합니까?

(2) 형의 방이 왜 깨끗하지 않습니까?

(3) 형의 여자 친구는 어디에 다닙니까?

(4) 형의 여자 친구는 무엇을 좋아합니까?

(5) 형의 여자 친구는 무엇이 많이 있습니까?

2. 다음 단어로 문장을 만드십시오.

(1) 아버지 / 회사 / 다니다

···› ____________________.

(2) 어머니 / 직업 / 중학교 / 음악 선생님 / 이다

···› ____________________.

(3) 어머니 / 중학교 / 음악 / 가르치다

···› ____________________.

(4) 형 / 드라마 / 영화 / 좋아하다

···› ____________________.

(5) 형 / 여자 친구 / 구두 / 가방 / 많이 / 있다

···› ____________________.

MEMO

써 봅시다

- 가족이 있습니까? 직업이 무엇입니까? 어떻습니까?
- 무엇을 좋아합니까? 무엇을 좋아하지 않습니까?
- 여러분의 가족을 소개하십시오.

6과

이거 얼마예요?

배워 봅시다

A/V-아/어요

가: 필립 씨는 어디에 살아요?
나: 학교 앞에 살아요.

가: 수미 씨는 어디에서 밥을 먹어요?
나: 학생 식당에서 밥을 먹어요.

가: 마이클 씨는 커피를 좋아해요?
나: 아니요, 저는 커피를 좋아하지 않아요.

연습

(1)

______________________.

(2)

______________________.

(3)

______________________.

(4)

______________________.

(5)

가: 공부해요?
나: 아니요, ______________________.
______________________.

(6)

가: 숙제해요?
나: 아니요, ______________________.
______________________.

N예요 / 이에요

가: 이것이 뭐예요?
나: 그것은 책이에요.

가: 저 사람이 누구예요?
나: 제 친구예요.

가: 제인 씨는 선생님이에요?
나: 아니요, 저는 학생이에요.

연습

(1)

가: 무엇이에요?

나: ______________________.

(2)

가: 무엇이에요?

나: ______________________.

(3)

가: 어디예요?

나: ______________________.

(4)

가: 어디예요?

나: ______________________.

(5)

가: 누구예요?

나: ______________________.

(6)

가: 누구예요?

나: ______________________.

'ㅡ' 불규칙

가: 지금 뭐 해요?
나: 편지를 써요.

가: 집이 커요?
나: 네, 커요.

가: 지금 배가 고파요?
나: 네, 배가 고파요.

기본형	-(스)ㅂ니다	- 지 않아요	- 아/어요
바쁘다	바쁩니다	바쁘지 않아요	바빠요
아프다	아픕니다	아프지 않아요	아파요
(배가) 고프다	(배가) 고픕니다	(배가) 고프지 않아요	(배가) 고파요
예쁘다	예쁩니다	예쁘지 않아요	예뻐요
기쁘다	기쁩니다	기쁘지 않아요	기뻐요
크다	큽니다	크지 않아요	커요
쓰다	씁니다	쓰지 않아요	써요

연습

(1) 우리 아버지는 키가 ________________. (크다)

(2) 머리가 ________________. (아프다) 오늘 학교에 가지 않아요.

(3) 저는 편지를 ________________. (쓰다)

(4) 제 여자 친구는 ________________. (예쁘다)

(5) 밥을 먹지 않아요. 배가 ________________. (고프다)

수 ①

0	영, 공						
1	일	11	십일				
2	이	12	십이				
3	삼	13	십삼	30	삼십		
4	사	14	십사	40	사십		
5	오	15	십오	50	오십		
6	육	16	십육	60	육십	1,000	천
7	칠	17	십칠	70	칠십	10,000	만
8	팔	18	십팔	80	팔십	100,000	십만
9	구	19	십구	90	구십	1,000,000	백만
10	십	20	이십	100	백	10,000,000	천만

연습

다음과 같이 전화번호를 한글로 쓰십시오.

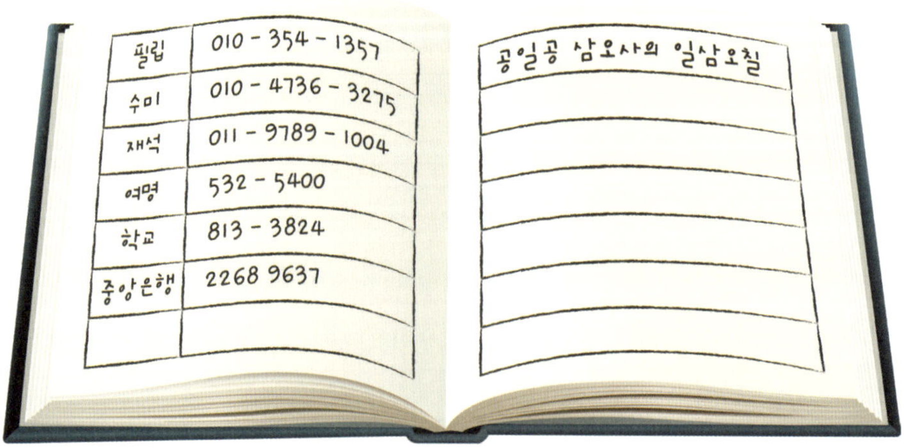

가: 전화번호가 몇 번이에요?
나: 820-5034(팔이공의 오공삼사)예요.

가: 민수 씨는 몇 번 버스를 타요?
나: 523번(오백이십삼 번) 버스를 타요.

가: 서점이 몇 층에 있어요?
나: 지하 1층(일 층)에 있어요.

가: 지금 몇 쪽을 공부해요?
나: 115쪽(백십오 쪽)을 공부해요.

가: 지하철 몇 호선을 타요?
나: 지하철 9호선(구 호선)을 타요.

연습

(1)

가: 미나 씨, 몇 번 버스를 타요?

나: ____________________.

(2)

가: 유민 씨 전화번호가 몇 번이에요?

나: ____________________.

(3)

가: 백화점에 식당이 몇 층에 있어요?

나: ____________________.

(4)

가: 마이클 씨, 오늘 숙제가 몇 쪽이에요?

나: ____________________.

(5)

가: 저는 지하철 2호선을 타요.
주영 씨는 지하철 몇 호선을 타요?

나: ____________________.

얼마예요?

가: 펜이 얼마예요?
나: 600원이에요.

가: 이 가방이 얼마예요?
나: 15,000원입니다.

가: 모두 얼마예요?
나: 124,500원입니다.

연습

(1)

가: ________________?
나: ________________.

(2)

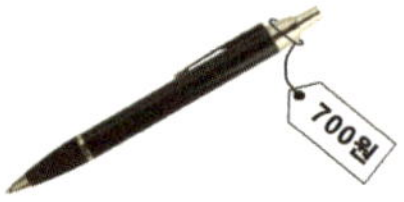

가: ________________?
나: ________________.

(3)

가: ________________?
나: ________________.

(4)

가: ________________?
나: ________________.

(5)

가: ________________?
나: ________________.

(6)

가: ________________?
나: ________________.

대화해 봅시다

주인　어서 오세요.

손님　아저씨, 이 펜이 얼마예요?

주인　그 펜은 800원이에요.

손님　저 공책은 얼마예요?

주인　1,000원이에요.

손님　펜하고 공책 주세요.

주인　모두 1,800원이에요.

손님　여기 있어요. 안녕히 계세요.

주인　감사합니다. 안녕히 가세요.

▼

여기는 어디입니까?

손님은 무엇을 삽니까?

모두 얼마입니까?

>>> 표현 <<<

- 어서 오세요.
- 주세요.
- 안녕히 계세요.
- 감사합니다.
- 안녕히 가세요.

들어 봅시다

I 다음을 잘 듣고 연결하십시오.

Ⅱ 다음을 듣고 질문에 답하십시오.

1. 같으면 ○, 다르면 × 하십시오.

(1) 모자가 비싸요. 모자를 사지 않아요. (　　　)

(2) 모자는 14,000원이에요. (　　　)

(3) 바지는 49,000원이에요. (　　　)

(4) 가방은 130,000원이에요. (　　　)

(5) 이 사람은 모자와 가방과 바지를 사요. (　　　)

2. 다음 질문에 답하십시오.

(1) 이 사람이 무엇을 사요?

(2) 바지가 얼마예요?

(3) 무엇을 사지 않아요?

(4) 왜 사지 않아요?

(5) 모자와 바지를 사요. 모두 얼마예요?

말해 봅시다

I 여러분은 친구를 잘 알아요? 보기 처럼 친구에게 질문하십시오.

보기
가: 왕명 씨, 집이 커요?
나: 네, 집이 커요.
가: 술을 좋아해요?
나: 아니요, 술을 좋아하지 않아요.

	내 생각 (O / X)	맞아요?
(1) 집이 크다	O	O
(2) 술을 좋아하다	O	X

	내 생각 (O / X)	맞아요? ✓
(1) 매일 운동하다		
(2) 매일 커피를 마시다		
(3) 매일 도서관에 가다		
(4) 집에서 요리하다		
(5) 한국 드라마를 보다		
(6) 김치를 좋아하다		
(7) 컴퓨터 게임을 잘하다		
(8) 방이 깨끗하다		
(9) 고향 집에 강아지가 있다		
(10) 남자친구 / 여자친구가 있다		

Ⅱ 세 사람이 유민, 왕명, 주인이 되어 아래의 가게에서 대화를 해보십시오.

보기

유민	왕명 씨, 과일 가게 전화번호가 몇 번이에요?
왕명	네, 과일 가게 전화번호는 공일공 삼육일의(에) 구오사칠이에요.
유민	몇 번 버스를 타요?
왕명	여기에서 십이 번 버스를 타요.
유민	과일 가게가 어디에 있어요?
왕명	편의점 뒤에 있어요.

주인	어서 오세요.
유민	사과 있어요?
주인	네, 있어요.
유민	사과가 얼마예요?
주인	3,500원이에요.
유민	바나나도 있어요?
주인	네, 있어요. 바나나는 1,700원이에요.
유민	사과하고 바나나 주세요. 모두 얼마예요?
주인	5,200원이에요.
유민	여기 있어요.
주인	감사합니다. 안녕히 가세요.

과일 가게 (☎ 010-361-9547) 버스 : 12번

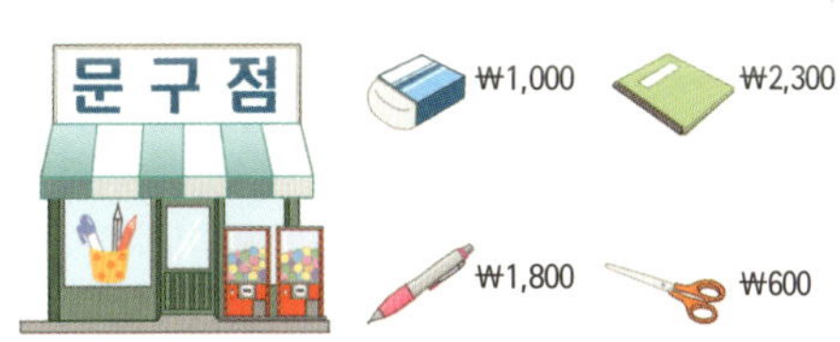

문구점 (☎ 541-0368) 버스 : 180번

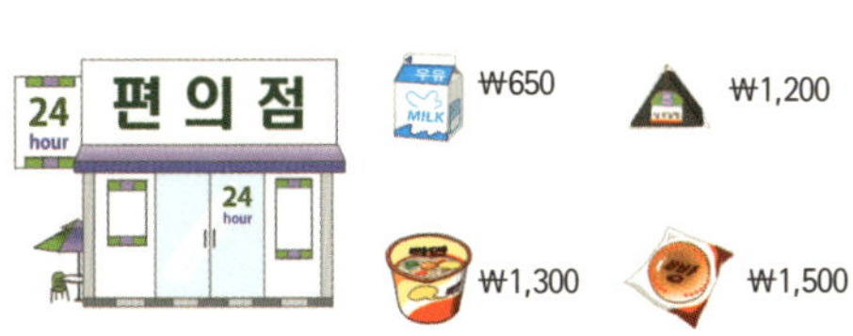

편의점 (☎ 986-0064) 버스 : 7500번

옷 가게 (☎ 010-8864-0024) 버스 : 5번

읽어 봅시다

여러분은 어디에서 물건을 삽니까?
여러분 집 근처에는 마트가 있습니까?

I 다음을 읽고 질문에 답하십시오.

우리 집 앞에 마트가 있어요. 여기에 물건이 많아요. 그리고 좋아요. 그렇지만 비싸지 않아요. 그래서 사람들이 많이 와요. 1층에서 휴지, 비누, 옷을 팔아요. 2층에서 과일, 빵, 라면, 음료수, 술을 팔아요. 3층에서 휴대폰, 텔레비전, 냉장고를 팔아요. 지하 1층과 지하 2층은 주차장이에요.

오늘은 과일과 술을 세일해요. 보통 바나나는 2,500원이에요. 오늘은 바나나가 2,000원이에요. 바나나가 싸요. 그래서 저는 오늘 바나나를 많이 사요.

오늘은 술도 싸요. 그렇지만 저는 술을 마시지 않아요. 그래서 술을 사지 않아요.

저는 오늘 바나나와 우유를 사요.

그리고 / 그래서 / 그렇지만 / 마트 / 비누 / 음료수 / 술 / 세일하다 / 보통

1. 이 글을 읽고 같으면 ○, 다르면 × 하십시오.

(1) 마트가 집 근처에 있어요. ( )

(2) 마트의 물건이 좋아요. 그래서 비싸요. ( )

(3) 2층에서 냉장고를 팔아요. ( )

(4) 2층에 주차장이 있어요. ( )

(5) 오늘 사과와 오렌지 주스는 세일을 해요. ( )

2. 다음 질문에 답하십시오.

(1) 마트가 어디에 있어요?

(2) 마트에서 무엇을 팔아요? 무엇이 있어요?

3층	
2층	
1층	
지하 1층	
지하 2층	

써 봅시다

- 여러분은 무엇이 있어요? 어디에서 사요?
- 그것은 어때요? 그것은 얼마예요?

7과

영화를 보고 운동했어요

배워 봅시다

날짜

몇 년?	1999년	2000년	2010년	2018년	2030년
	천구백구십구 년	이천 년	이천십 년	이천십팔 년	이천삼십 년

몇 월?	1월	2월	3월	4월	5월	6월	7월	8월	9월	10월	11월	12월
	일월	이월	삼월	사월	오월	유월	칠월	팔월	구월	시월	십일월	십이월

며칠?	1일	2일	3일	4일	5일	6일	10일	15일	20일	30일	31일
	일일	이일	삼일	사일	오일	육일	십일	십오일	이십일	삼십일	삼십일일

무슨 요일?	월요일	화요일	수요일	목요일	금요일	토요일	일요일
	주중					주말	

	지난	이번	다음
주	지난주	이번 주	다음 주
달	지난달	이번 달	다음 달
해	지난해 / 작년	올해 / 금년	다음 해 / 내년

N에

가: 금요일에 시간이 있어요?
나: 네, 있어요.

가: 친구가 언제 한국에 와요?
나: 10월 30일에 한국에 와요.

가: 언제 고향에 가요?
나: 다음 달에 고향에 가요.

오늘에(X) → 오늘	어제에(×) → 어제	내일에(×) → 내일
그제에(×) → 그제	매일에(×) → 매일	

연습

10월

일요일	월요일	화요일	수요일	목요일	금요일	토요일
4	5	6	7	8	9	10
백화점	명동, 친구	도서관	집	운동	영화	수영장

(1) 언제 백화점에 가요?

(2) 몇 월 며칠에 명동에서 친구를 만나요?

(3) 화요일에 무엇을 해요?

(4) 무슨 요일에 집에 있어요?

(5) 며칠에 운동을 해요?

A/V-았/었-

가: 어제 어디에 갔어요?
나: 도서관에 갔어요.

가: 오늘 아침에 무엇을 먹었어요?
나: 빵을 먹었어요.

가: 지난주 토요일에 무엇을 했어요?
나: 명동에서 친구를 만났어요.

연습

(1) 

민수-지난주 월요일

______________________________.

(2) 

주영-지난 주말

______________________________.

(3) 

준호-어제

______________________________.

(4) 

안나-그제

______________________________.

(5) 

다나카-지난달

______________________________.

N-였/이었-

가: 마이클 씨는 직업이 뭐예요?
나: 마이클 씨는 미국에서 기자였어요. 지금은 학생이에요. 한국어를 공부해요.

가: 민수 씨, 생일이 언제예요?
나: 제 생일은 어제였어요.

가: 이 건물은 뭐예요?
나: 여기는 수영장이에요. 작년에는 체육관이었어요.

연습

(1)

일요일	월요일	화요일	수요일	목요일	금요일	토요일
1	2	3	4	5	6	7
				오늘		

⋮

가: 어제는 며칠이었어요?

나: ______________________.

(2)

일요일	월요일	화요일	수요일	목요일	금요일	토요일
1	2	3	4	5	6	7
				오늘		

⋮

가: 어제는 무슨 요일이었어요?

나: ______________________.

(3)

가: 필립 씨는 직업이 무엇이었어요?

나: ______________________.

(4)

가: 수진 씨는 직업이 무엇이었어요?

나: ______________________.

(5)

가: 펜이 얼마였어요?

나: ______________________.

A/V-고 // N(이)고

가: 리사 씨가 어때요?
나: 키가 **크고** 예뻐요.

가: 주말에 보통 무엇을 해요?
나: 보통 **숙제하고** 쉬어요.

가: 민수 씨와 리사 씨는 어느 나라 사람이에요?
나: 민수 씨는 **한국 사람이고** 리사 씨는 미국 사람이에요.

가: 지난주 월요일에 무엇을 했어요?
나: 영화를 **보고** 커피를 마셨어요.

연습

(1)

가: 친구하고 보통 뭐 해요?
나: ______________________.

(2)

가: 토요일에 뭐 해요?
나: ______________________.

(3)

가: 일요일에 뭐 해요?
나: ______________________.

(4)

가: 어제 뭐 했어요?
나: ______________________.

(5)

가: 어제 뭐 했어요?
나: ______________________.

대화해 봅시다

주영 피터 씨, 주말에 무엇을 했어요?

피터 집에서 영화를 보고 운동했어요.

주영 씨는 주말에 뭐 했어요?

주영 저는 도서관에서 공부했어요. 시험이 있어요.

피터 시험이 언제예요?

주영 5월 15일이에요.

피터 5월 15일이 무슨 요일이에요?

주영 금요일이에요.

▼

피터 씨는 주말에 무엇을 했어요?

주영 씨는 주말에 왜 공부했어요?

5월 15일에 무엇을 해요?

5월 15일은 무슨 요일이에요?

들어 봅시다

Ⅰ 다음을 듣고 질문에 답하십시오.

(1) 마이클 씨는 언제 한국에 왔습니까? ________ 월 ________ 일

(2) 제인 씨는 언제 미국에 갑니까? ________ 년 ________ 월

(3) 다나카 씨는 언제 친구를 만납니까? ________ 월 ________ 일 ________ 요일

(4) • 오늘은 무슨 요일이에요?

________ 요일

• 리사 씨는 언제 쇼핑해요?

________ 월 ________ 일 ________ 요일

6월

일	월	화	수	목	금	토
	1	2	3	4	5	6
7	8	9	10	11	12	13
14	15	16	17	18	19	20
21	22	23	24	25	26	27
28	29	30				

Ⅱ 다음을 듣고 질문에 답하십시오.

1. 같으면 ○, 다르면 × 하십시오.

(1) 토요일에 친구 생일 파티가 있었어요. (　　)

(2) 오늘은 10월 12일이에요. (　　)

(3) 내일은 화요일이에요. (　　)

(4) 내일 파티가 끝나고 시험을 봐요. (　　)

(5) 민수 씨는 시험공부를 많이 했어요. (　　)

2. 다음 질문에 답하십시오.

(1) 민수 씨는 주말에 뭐 했어요?

토요일에는 ________________ 일요일에는 ________________.

(2) 파티에서 무엇을 했어요?

(3) 리사 씨의 파티는 언제 있어요?

(4) 언제 시험을 봐요?

(5) 오늘은 몇 월 며칠이에요? 무슨 요일이에요?

말해 봅시다

I 친구들은 무엇을 했습니까? 물어보십시오.

보기

가: 생일이 몇 월 며칠입니까? / 생일이 언제입니까?
나: 7월 3일입니다.
가: 작년 생일에 무엇을 했습니까?
나: 작년 생일에 노래를 했습니다.
가: 언제 한국에 왔습니까?
나: 6월 20일에 한국에 왔습니다.
가: 그날 무엇을 했습니까?
나: 한국 음식을 먹었습니다.

이름	생일		한국에 오다	
	언제입니까?	작년 생일에 무엇을 했습니까?	언제 한국에 왔습니까?	그날 무엇을 했습니까?
왕명	7월 3일	노래를 했습니다	6월 20일	한국 음식을 먹었습니다

Ⅱ 보기 와 같이 친구와 이야기해 보십시오.

보기

시간: 지난주
장소: 식당

저는 지난주에 식당에서 친구를 만나고 밥을 먹었습니다.

시간	지난주, 지난달, 지난해 / 작년, 어제 / 어저께, 그제 / 그저께
장소	교실, 기숙사, 도서관, 식당, 서점, 은행, 우체국, 백화점, 커피숍, 약국, 공원, 병원, 슈퍼마켓, 집, 영화관 / 극장

읽어 봅시다

여러분은 주말에 무엇을 합니까?
지난 주말에 무엇을 했습니까?

I 다음을 읽고 질문에 답하십시오.

저는 호앙입니다. 베트남 사람입니다. 저는 회사원입니다. 한국 회사에서 일합니다. 그래서 주중에는 많이 바쁩니다. 피곤합니다. 주말에는 보통 영화를 보고 쇼핑을 합니다.

지난주 토요일에는 회사 사람들을 만났습니다. 우리는 등산을 했습니다. 북한산에 갔습니다. 북한산이 아름답고 깨끗했습니다. 한국 사람들은 산을 좋아합니다. 그래서 등산을 많이 합니다.

등산이 끝나고 우리는 식당에 갔습니다. 북한산 근처에 식당이 정말 많았습니다. 우리는 거기에서 막걸리를 마셨습니다. 한국 음식도 많이 먹었습니다. 맛있었습니다. 식사를 하고 우리는 노래방에 갔습니다. 한국 사람들은 노래를 좋아합니다. 그래서 노래방에 많이 갑니다. 저는 노래방에서 베트남 노래를 하고 한국 사람들은 한국 노래를 했습니다. 일요일에는 조금 피곤했습니다. 그래서 집에서 텔레비전을 보고 쉬었습니다.

피곤하다 / 아름답다 / 끝나다 / 막걸리 / 쉬다

1. 이 글을 읽고 같으면 ○, 다르면 × 하십시오.

(1) 호앙 씨는 주말에 많이 바쁩니다. (　　)

(2) 호앙 씨는 지난 주말에 영화를 봤습니다. (　　)

(3) 호앙 씨와 호앙 씨 회사 사람들은 지난주 토요일에 등산을 했습니다. (　　)

(4) 호앙 씨는 일요일에 노래방에 갔습니다. (　　)

(5) 한국 사람들은 산과 노래를 좋아합니다. (　　)

2. 다음 질문에 답하십시오.

(1) 호앙 씨는 주중에 왜 피곤합니까?

(2) 지난 주말에 호앙 씨는 무엇을 했습니까?

토요일에는 ______________ 일요일에는 ______________.

(3) 북한산은 어땠습니까?

(4) 호앙 씨는 식당에서 무엇을 먹었습니까?

(5) 식사를 하고 호앙 씨는 무엇을 했습니까?

3. 다음 단어를 이용해서 문장을 만드십시오.

(1) 호앙 씨 / 주말 / 영화 / 보다 / 쇼핑하다

⋯› ______________________________.

(2) 북한산 / 아름답다 / 깨끗하다

⋯› ______________________________.

(3) 식사하다 / 우리 / 노래방 / 가다

⋯› ______________________________.

(4) 호앙 씨 / 베트남 노래 / 하다 / 한국 사람들 / 한국 노래 / 하다

⋯› ______________________________.

(5) 호앙 씨 / 일요일 / 집 / 텔레비전 / 보다 / 쉬다

⋯› ______________________________.

써 봅시다

- 여러분은 주말에 보통 무엇을 합니까?
- 지난 주말에 무엇을 했습니까?
  (어디에 갔습니까? / 누구하고 갔습니까? / 무엇을 했습니까? / 어땠습니까?)

8과

저는 비빔밥을 먹겠어요

배워 봅시다

맛

맵다

달다

짜다

싱겁다

시다

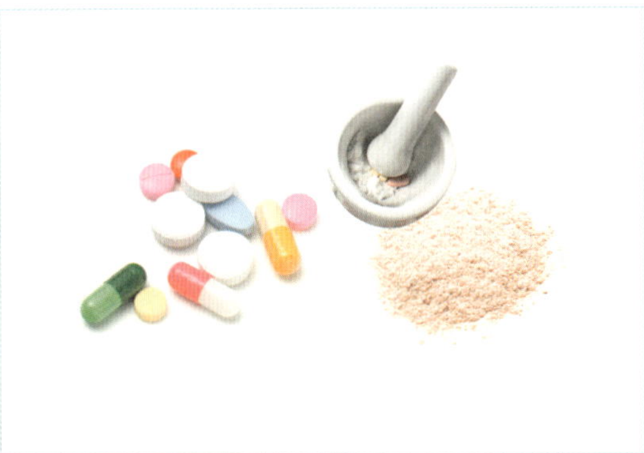

쓰다

형용사 ②

뜨겁다

차갑다

어렵다

쉽다

높다

낮다

가볍다

무겁다

넓다

좁다

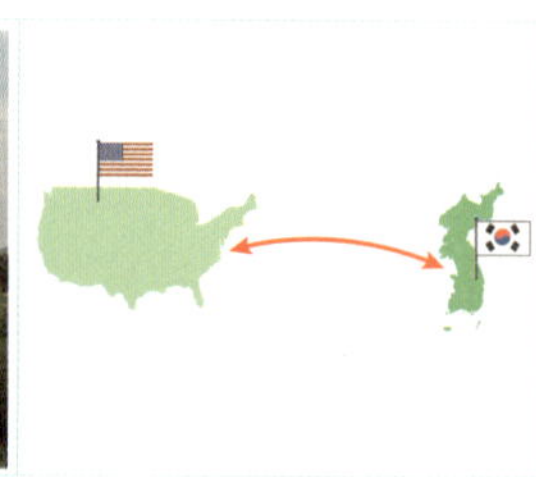

멀다

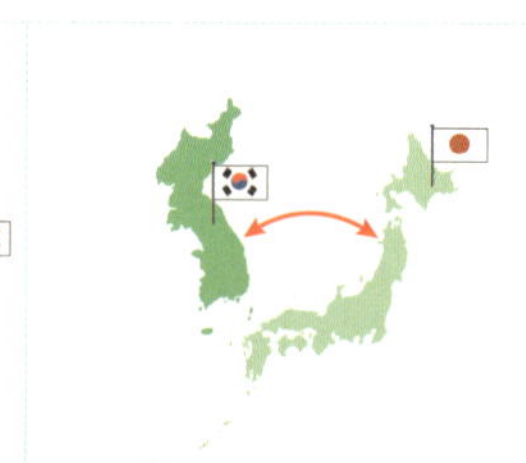

가깝다

두껍다

얇다

같다

다르다

귀엽다

'ㅂ' 불규칙

가: 한국어가 어려워요?
나: 아니요, 쉬워요.

가: 왜 김치를 먹지 않아요?
나: 김치가 조금 매워요.

가: 찌개 맛이 어때요?
나: 싱거워요. 소금을 주세요.

기본형	-(스)ㅂ니다	-아/어요	기본형	-(스)ㅂ니다	-아/어요
맵다	맵습니다	매워요	덥다	덥습니다	더워요
싱겁다	싱겁습니다	싱거워요	춥다	춥습니다	추워요
뜨겁다	뜨겁습니다	뜨거워요	쉽다	쉽습니다	쉬워요
차갑다	차갑습니다	차가워요	어렵다	어렵습니다	어려워요
무겁다	무겁습니다	무거워요	귀엽다	귀엽습니다	귀여워요
가볍다	가볍습니다	가벼워요	더럽다	더럽습니다	더러워요

※ 규칙

입다	입습니다	입어요	좁다	좁습니다	좁아요
잡다	잡습니다	잡아요			

연습

(1) 한국의 김치는 ______________________.

(2) 숙제가 어렵지 않아요. ______________________.

(3) 주스는 ______________________ 그리고 커피는 ______________________.

(4) 가방에 책이 많이 있어요. 그래서 가방이 ______________________.

(5) 가방에 책이 없어요. 가방이 ______________________.

맵다	뜨겁다	쉽다
무겁다	가볍다	차갑다

안 A/V

가: 왜 커피를 안 마셔요?
나: 커피를 안 좋아해요.

가: 지난주에 친구를 만났어요?
나: 아니요, 안 만났어요. 바빴어요.

가: 토요일에 회사에 가요?
나: 아니요, 회사에 안 가요. 토요일에 일 안 해요.

연습

(1) 

가: 다나카 씨가 오늘 학교에 가요?
나: 아니요, ____________________
친구를 만나요.

(2) 

가: 왕명 씨가 영화를 봐요?
나: 아니요, ____________________
____________________.

(3) 

가: 수진 씨가 숙제해요?
나: 아니요, ____________________
____________________.

(4) 

가: 마이클 씨가 공부해요?
나: 아니요, ____________________
____________________.

(5) 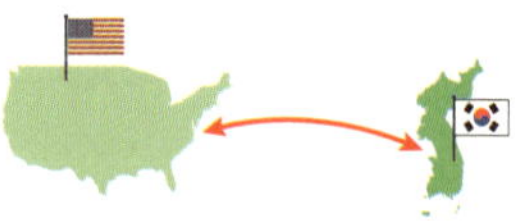

가: 제인 씨의 고향이 가까워요?
나: 아니요, ____________________
____________________.

수 ②

0	1	2	3	4	5	6	7	8	9	10
영=공	하나 / 한 N	둘 / 두 N	셋 / 세 N	넷 / 네 N	다섯	여섯	일곱	여덟	아홉	열

11	20	30	40	50	60	70	80	90	100
열하나 / 열한 N	스물 / 스무 N	서른	마흔	쉰	예순	일흔	여든	아흔	백

단위 명사

명 / 사람

분

마리

권

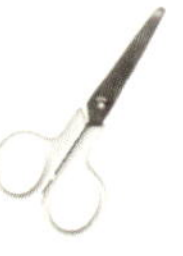
개

병

잔

장

대

살

그릇

- 책을 2권(두 권) 샀습니다.
- 우리 가족은 4명(네 명)입니다. 동생은 17살(열일곱 살)입니다.
- 우리 집에 개가 2마리(두 마리) 있습니다.
- 어제 커피를 3잔(세 잔) 마셨습니다.
- 아줌마, 여기 비빔밥 1그릇(한 그릇) 주세요.

연습

(1) 우리 가족은 __________ 입니다.

(2) 어제 한국어 선생님 __________ 을 만났습니다.

(3) 어제 시장에 갔습니다. 사과 __________, 콜라 __________, 생선 __________ 를 샀습니다.

(4) 교실에 컴퓨터가 __________, 책이 __________ 있습니다.

(5) 나는 __________ 입니다. 형은 __________ 입니다.

V-겠-

가: 왕명 씨, 시험 성적이 안 좋아요.
나: 죄송해요. 열심히 공부하겠어요.

가: 여보, 담배는 안 좋아요.
나: 알았어요. 피우지 않겠어요.

가: 필립 씨, 무엇을 드시겠어요?
나: 저는 비빔밥을 먹겠어요.

연습

(1) 가: 무엇을 드시겠어요?

나: 저는 비빔밥을 ______________________.

다: 저는 불고기를 ______________________.

(2) 가: 왕명 씨, 왕명 씨는 컴퓨터 게임을 많이 해요.

나: 다음 주에는 컴퓨터 게임을 ______________________.

(3) 가: 가방도 싸고 구두도 싸요. 무엇을 사겠어요?

나: 저는 구두를 ______________________.

(4) 가: 마이클 씨가 유민 씨를 좋아해요. 필립 씨도 유민 씨를 좋아해요. 누구를 만나겠어요?

나: 저는 필립 씨를 ______________________.

(5) 가: 민수 씨, 민수 씨가 술을 많이 마셔요. 건강이 안 좋아요.

나: 내일부터 술을 안 ______________________.

그리고 매일 ______________________.

운동하다	먹다	마시다
안 하다	사다	만나다

대화해 봅시다

필립 유민 씨, 무엇을 드시겠어요? 이 식당에서 뭐가 맛있어요?

유민 이 식당은 순두부찌개가 맛있어요. 저는 순두부찌개를 먹겠어요.

필립 순두부찌개가 매워요?

유민 조금 매워요.

필립 된장찌개도 매워요?

유민 아니요, 안 매워요.

필립 그럼 저는 된장찌개를 먹겠어요.

유민 음료수도 드시겠어요?

필립 네, 콜라를 마시겠어요.

유민 아저씨, 여기 순두부찌개 하나하고 된장찌개 하나하고 콜라 한 병 주세요.

▼

유민 씨는 왜 순두부찌개를 먹어요?

필립 씨는 왜 순두부찌개를 안 먹어요?

두 사람은 무엇을 주문해요?

들어 봅시다

Ⅰ 다음을 듣고 질문에 답하십시오.

(1) 남자와 여자는 지금 어디에서 무엇을 합니까?

(2) 여자 고향의 음식은 어떻습니까?

(3) 두 사람은 무엇을 주문했습니까?

Ⅱ 다음을 듣고 질문에 답하십시오.

1. 같으면 ○, 다르면 × 하십시오.

(1) 학생 식당은 아주 큽니다. ( )

(2) 학생 식당은 깨끗합니다. 그래서 조금 비쌉니다. ( )

(3) 중앙 식당은 학교 밖에 있습니다. ( )

(4) 중앙 식당은 작습니다. 그렇지만 맛있습니다. ( )

(5) 중앙 식당은 점심시간에 사람이 많지 않습니다. 그래서 많이 기다리지 않습니다. ( )

2. 들은 내용을 ______ 에 쓰십시오.

(1) 학생 식당은 학교 안에 있습니다. 그래서 ______________.

학생 식당은 아주 ______________. 그리고 사람이 ______________.

그래서 점심시간에는 많이 ______________.

그렇지만 ______________ 고 값도 ______________.

(2) 중앙 식당은 학교 밖에 있습니다. 그래서 조금 ______________.

중앙 식당은 크지 ______________. 그렇지만 음식이 ______________ 고,

아줌마도 ______________. 음식 값은 조금 ______________.

점심시간에는 사람이 ______________. 그렇지만 많이 ______________ 지 않습니다.

말해 봅시다

I 두 사람이 식당에서 음식을 주문하십시오.

보기

가: 무엇을 드시겠어요?
나: 비빔밥이 매워요?
가: 네, 조금 매워요.
나: 냉면이 매워요?
가: 아니요, 안 매워요. 아주 맛있어요.
나: 그래요? 그러면 저는 냉면과 갈비를 먹겠어요.
가: 아주머니, 여기 갈비 2인분하고 냉면 하나, 비빔밥 한 그릇 주세요.
그리고 콜라도 한 병 주세요.

한식집

비빔밥

냉면

갈비 2

콜라 1

중국집

짜장면

짬뽕

탕수육 2

소주 1

일식집

초밥

돈가스

생선회 2

맥주 2

패밀리 레스토랑

스파게티

스테이크

피자 1

커피 2

분식집

떡볶이

김밥

튀김 2

사이다 1

Ⅱ 다음 보기 를 보고 친구들에게 질문하십시오.

보기

가: 다나카 씨는 몇 살이에요?
나: 저는 20살이에요.
가: 가족이 몇 명이에요?
나: 우리 가족은 3명이에요. 아버지, 어머니, 저예요.
가: 언제 한국에 왔어요?
나: 2018년 3월에 왔어요.
가: 하루에 커피를 몇 잔 마셔요?
나: 하루에 2잔 마셔요.
가: 올해에 무엇을 하겠어요?
나: 올해에 제주도에 가겠어요.

이름	나이	가족	한국에 왔어요	음료수	무엇을 하겠어요
다나카	20살	3명	2018년 3월	커피 2잔	제주도에 가겠어요

읽어 봅시다

어느 식당에 갑니까? 식당 이름은 무엇입니까?
그곳에서 무엇을 먹습니까? 무엇이 맛있습니까?

I 다음을 읽고 질문에 답하십시오.

제 이름은 진평입니다. 지난달에 한국에 왔습니다. 지금 한국어교육원에서 한국어를 배웁니다. 제 고향 음식은 한국 음식과 다릅니다. 한국 음식이 조금 맵고 짭니다. 저는 처음에 한국 음식을 잘 안 먹었습니다. 매일 집에서 라면을 먹었습니다. 라면은 싸고 맛있습니다.

요즘 저는 한국 식당에서 식사를 합니다. 이 식당의 이름은 '중앙 식당'입니다. 이 식당에는 찌개가 많이 있습니다. 김치찌개, 된장찌개, 순두부찌개가 다 맛있습니다.

이 식당은 아줌마가 요리합니다. 아줌마는 아주 친절하고 밥도 많이 줍니다. 그래서 저는 이 식당을 아주 좋아합니다.

이 식당에는 텔레비전도 한 ① ______ 있습니다. 저는 음식을 주문하고 한국 드라마를 봅니다. 아주 재미있습니다.

식사가 끝나고 커피 한 ② ______ 을 마시고 사탕 한 ③ ______ 를 먹습니다.

주문하다 / 사탕

1. 같으면 ○, 다르면 × 하십시오.

(1) 진평 씨는 한국어교육원 학생입니다. (　　)

(2) 진평 씨 고향 음식은 맵고 짭니다. (　　)

(3) 진평 씨는 지난달에 한국 음식을 잘 먹었습니다. (　　)

(4) '중앙 식당'에는 텔레비전이 있습니다. (　　)

(5) 진평 씨는 식사가 끝나고 드라마를 봅니다. (　　)

2. 다음을 읽고 질문에 답하십시오.

(1) 진평 씨는 언제 한국에 왔습니까?

(2) 진평 씨는 왜 처음에 한국 음식을 안 먹었습니까?

(3) 처음에 진평 씨는 매일 무엇을 먹었습니까? 왜 먹었습니까?

(4) 진평 씨는 왜 '중앙 식당'을 좋아합니까?

(5) 진평 씨는 식사가 끝나고 무엇을 합니까?

3. 윗글의 ①, ②, ③에 맞는 말을 쓰십시오.

① ______________ ② ______________ ③ ______________

Ⅱ 다음 단어로 문장을 만드십시오.

(1) 저 / 지금 / 한국어교육원 / 한국어 / 배우다

→ ______________________________.

(2) 제 / 고향 음식 / 한국 음식 / 다르다

→ ______________________________.

(3) 한국 음식 / 조금 / 맵다 / 짜다

→ ______________________________.

(4) 저 / 음식 / 주문하다 / 한국 드라마 / 보다

→ ______________________________.

(5) 식사 / 끝나다 / 커피 / 한 잔 / 마시다 / 사탕 / 한 개 / 먹다

→ ______________________________.

써 봅시다

- 여러분은 한국에서 어느 식당에 갑니까?
  (그 식당의 이름은 무엇입니까? / 그 식당은 어디에 있습니까? / 어떻습니까?)
- 그 식당에서 무슨 음식을 먹습니까? (무엇이 맛있습니까? / 음식 맛이 어떻습니까?)
- 왜 그 식당을 좋아합니까? 식당을 소개하십시오.

9과

7시에 일어나요

배워 봅시다

시간

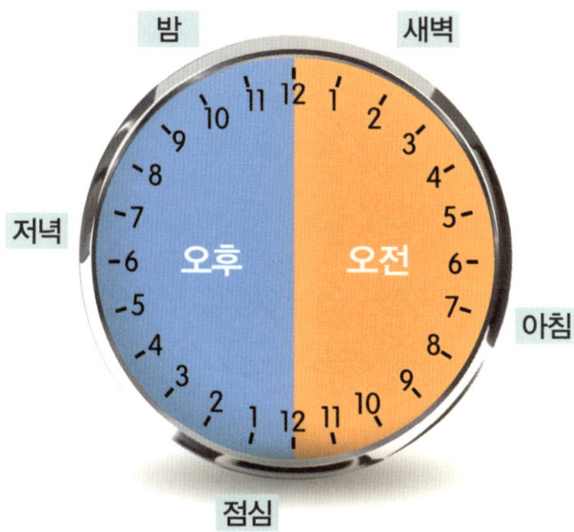

시	분
1 한	5 오
2 두	10 십
3 세	15 십오
4 네	30 삼십
5 다섯	40 사십

오전 8시

오후 1시 10분

아홉 시

두 시 반
두 시 삼십 분

열 시 십오 분

세 시 오십 분
= 네 시 십 분 전

N부터 N까지

가: 몇 시부터 몇 시까지 운동해요?
나: 5시부터 6시 10분까지 운동해요.

가: 언제 공부해요?
나: 월요일부터 금요일까지 공부해요.

가: 언제 여행을 가요?
나: 5일부터 9일까지 여행을 가요.

연습

(1)

가: 몇 시부터 몇 시까지 운동을 해요?
나: ________________.

(2)

가: 몇 시부터 몇 시까지 아르바이트를 해요?
나: ________________.

(3)

가: 어제 몇 시부터 몇 시까지 잤어요?
나: ________________.

(4)

가: 언제부터 언제까지 한국어를 공부해요?
나: ________________.

(5)

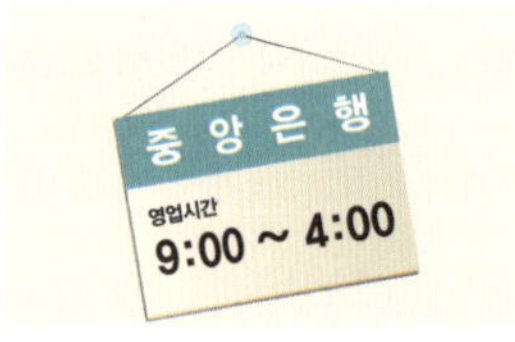

가: 은행은 몇 시부터 몇 시까지 해요?
나: ________________.

그래서

가: 왜 약을 먹어요?
나: 배가 아파요. 그래서 약을 먹어요.

가: 왜 파티에 안 왔어요?
나: 바빴어요. 그래서 안 갔어요.

가: 왜 늦었어요?
나: 길이 막혔어요. 그래서 늦었어요.

연습

(1)  • • 병원에 갔어요.

(2)  • • 선물을 샀어요.

(3)  • • 손님이 많아요.

(4)  • • 피곤해요.

(5) 

• • 학교에 늦었어요.

(1) 길이 많이 막혔어요. ____________________.

(2) 머리가 아파요. ____________________.

(3) 새벽 2시에 잤어요. ____________________.

(4) 그 식당은 음식이 맛있어요. ____________________.

(5) 내일 안나 씨의 생일이에요. ____________________.

N와/과 같이

가: 누구와 같이 살아요?
나: 주영 씨와 같이 살아요.

가: 누구와 같이 여행을 가요?
나: 부모님과 같이 여행을 가요.

가: 필립 씨, 어제 뭐 했어요?
나: 재석 씨하고 같이 테니스를 쳤어요.

연습

(1) 가: 보통 누구와 같이 점심을 먹어요?

나: ____________________ 점심을 먹어요.

(2) 가: 누구와 같이 여행을 가요?

나: ____________________ 같이 여행을 가요.

(3) 가: 지난 주말에 누구와 같이 바다에 갔어요?

나: 친구들 ________________ 바다에 갔어요.

(4) 가: 왕명 씨는 한국말을 아주 잘해요.

나: 감사합니다. 저는 매일 한국 친구 ____________________ 이야기를 해요.

(5) 가: 지금 누구하고 같이 살아요?

나: ______________________________.

N에게/한테 // N에게서/한테서

가: 누구에게 전화를 해요?
나: 제 동생이 중국에서 살아요. 동생에게 전화를 해요.

가: 누구한테 한국어를 가르쳐요?
나: 외국인 학생들한테 한국어를 가르쳐요.

가: 누구한테서 생일 선물을 받았어요?
나: 친구한테서 편지와 선물을 받았어요.

• 매일 나무에 물을 줘요.
• 부모님께 편지를 보내요.

연습

(1) 

오늘 미호 씨의 생일이에요.

그래서 저는 ______________________.

(2) 

재석 씨는 지금 미국에서 공부해요. 재석 씨는 김치를 좋아해요. 그래서 저는 ______________________

______________________.

(3) 

선생님이 ______________________.

(4) 

저는 매일 어머니 ______________________.

(5) 

고양이가 생선을 좋아해요.

그래서 ______________________.

(6) 

집에 꽃이 많아요.

그래서 매일 어머니는 ______________________.

대화해 봅시다

주 영 다니엘 씨, 오늘 한국어 수업이 있어요?

다니엘 네, 월요일부터 금요일까지 수업이 있어요.

주 영 한국어 수업은 몇 시에 시작해요?

다니엘 9시에 시작해요.

주 영 그럼 아침 몇 시에 일어나요?

다니엘 보통 7시에 일어나요. 오늘은 8시에 일어났어요. 그래서 늦었어요.

주 영 오늘 1시에 뭐 해요?

다니엘 친구와 같이 점심을 먹어요. 그리고 동생한테 이메일을 써요.

▼

다니엘 씨는 무슨 요일에 한국어를 공부해요?

다니엘 씨는 보통 몇 시에 일어나요?

다니엘 씨는 오늘 왜 늦었어요?

다니엘 씨는 1시에 뭐 해요?

들어 봅시다

Ⅰ 다음을 듣고 질문에 답하십시오.

1. 같으면 ○, 다르면 × 하십시오.

(1) 재석 씨는 이 영화를 봤습니다. ( )

(2) 영화는 12시 10분에 끝납니다. ( )

(3) 지하철이 12시 10분까지 있습니다. ( )

(4) 이 영화는 8시 10분부터 11시 40분까지 합니다. ( )

(5) 왕영 씨와 재석 씨는 8시 10분에 커피숍에 갑니다. ( )

2. 다음 질문에 답하십시오.

(1) 여기는 어디입니까?

(2) 영화는 몇 시부터 몇 시까지 합니까?

(3) 지하철은 몇 시까지 있습니까? 버스는 몇 시까지 있습니까?

(4) 지금은 몇 시입니까?

(5) 왕영 씨와 재석 씨는 왜 커피숍에 갑니까?

Ⅱ 다음을 듣고 질문에 답하십시오.

1. 같으면 ○, 다르면 × 하십시오.

(1) 필립 씨는 아침 6시 40분에 일어났습니다. ( )

(2) 필립 씨는 친구와 같이 학생 식당에서 점심을 먹었습니다. ( )

(3) 필립 씨는 점심에 빵하고 우유를 먹었습니다. ( )

(4) 필립 씨는 도서관에서 어머니께 이메일을 썼습니다. ( )

(5) 필립 씨는 12시 반에 잤습니다. ( )

2. 다음 질문에 답하십시오.

(1) 필립 씨는 몇 시부터 몇 시까지 한국어 공부를 했습니까?

(2) 필립 씨는 도서관에서 무엇을 했습니까?

(3) 필립 씨는 왜 기분이 좋았습니까?

(4) 필립 씨는 몇 시부터 몇 시까지 아르바이트를 했습니까?

(5) 필립 씨는 오늘 무엇을 했습니까? 쓰십시오.

오전	
오후	

말해 봅시다

I 그림을 보고 이야기하고, 여러분의 하루를 이야기해 보십시오.

1. 미호 씨의 하루입니다. 그림을 보고 미호 씨의 하루를 이야기해 보십시오.

> **보기**
> 가: 미호 씨가 몇 시에 일어나요?
> 나: 미호 씨가 7시 10분에 일어나요.

AM 7시 10분

AM 7시 30분~8시

AM 9시~12시 50분

PM 1시 20분~2시

PM 2시 30분~
3시 50분

PM 4시~6시 15분

PM 6시 30분~7시 50분

PM 8시~10시

PM 10시~11시 20분

PM 11시 40분

2. 여러분의 하루를 말해 보십시오.

나					
시	분	무엇을 해요?	시	분	무엇을 해요?
		일어나요			

Ⅱ 다음의 장소는 몇 시부터 몇 시까지 합니까? 친구와 이야기해 보십시오.

광화문 우체국

월~금: 오전 9:00~오후 6:00
* 토 · 일요일은 쉽니다.

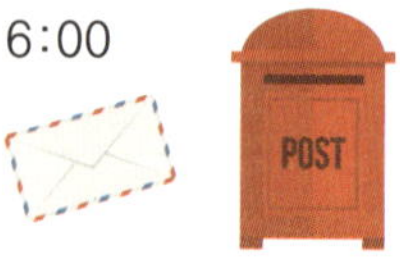

보기

가: 우체국이 몇 시부터 몇 시까지 해요?
나: 오전 9시부터 오후 6시까지 해요.

가: 토요일에는 몇 시부터 몇 시까지 해요?
나: 주말에는 쉬어요.

서울 병원

월~금: 오전 9:00~오후 6:00
점심시간: 오후 1:00~오후 2:00
토요일: 오전 9:00~오후 3:00
* 일요일은 쉽니다.

중앙 은행

요일: 월요일~금요일
시간: 오전 9시~오후 4시

소렌토 (이탈리아 식당)

Open 오전 11:00
Closed 오후 9:00

경복궁

평일(월~금): 오전 9시~오후 6시
토 · 일요일: 오전 9시~오후 3시
* 화요일은 쉽니다.

읽어 봅시다

>>> 여러분은 보통 무엇을 합니까?
여러분은 오늘 무엇을 했습니까?

I 다음을 읽고 질문에 답하십시오.

에릭 씨는 미국 사람입니다. 작년에 한국에 왔습니다. 지금 한국 회사에서 일합니다. 가족은 모두 미국에 있습니다. 에릭 씨는 지금 친구와 같이 삽니다. 에릭 씨는 오전에 한국어를 배우고 오후에 회사에서 일을 합니다.

에릭 씨는 아침 6시에 일어납니다. 6시 30분부터 8시까지 체육관에서 운동을 합니다. 그리고 학교에 갑니다. 학교 앞에 커피숍이 있습니다. 거기에서 빵과 우유를 먹고 교실에 들어갑니다. 한국어 수업은 9시부터 12시까지 있습니다. 에릭 씨는 1시에 회사에 갑니다.

오늘은 1시부터 5시까지 회의를 했습니다. 6시에 고향에서 친구가 왔습니다. 그래서 공항에 갔습니다. 그리고 7시 반에 식당에서 친구들과 같이 저녁을 먹고 술도 마셨습니다. 12시 반에 집에 왔습니다. 에릭 씨는 오늘 바빴습니다. 그래서 아주 피곤했습니다.

들어가다 / 회의(를) 하다

1. 이 글을 읽고 같으면 ○, 다르면 × 하십시오.

(1) 에릭 씨는 작년부터 한국에서 살았습니다. (　　)

(2) 에릭 씨는 한국에서 가족과 같이 삽니다. (　　)

(3) 에릭 씨는 한국어를 9시부터 1시까지 공부합니다. (　　)

(4) 오늘 고향에서 에릭 씨의 가족이 왔습니다.
그래서 에릭 씨는 공항에 갔습니다. (　　)

(5) 에릭 씨는 밤 12시 50분에 집에 왔습니다. (　　)

2. 다음 질문에 답하십시오.

(1) 에릭 씨는 오전에 무엇을 합니까? 모두 쓰십시오.

(2) 에릭 씨는 오늘 오후 4시에 무엇을 했습니까?

(3) 에릭 씨는 언제 집에 왔습니까?

(4) 오늘 에릭 씨가 어디에 갔습니까? 모두 쓰십시오.

체육관 ···› ________ ···› ________ ···› ________

________ ···› ________ ···› ________ ···› ________

(5) 에릭 씨는 왜 피곤했습니까?

써 봅시다

- 몇 시에 일어납니까? 그리고 몇 시에 무엇을 합니까?
- 아침 / 점심 / 저녁 / 밤에 무엇을 합니까?
- 여러분의 하루를 쓰십시오.

10과

어느 계절을 좋아해요?

배워 봅시다

계절

봄

꽃이 피다

소풍 가다

여름

바다에 가다

수영하다

가을

단풍이 들다

독서하다

겨울

스키를 타다

눈사람을 만들다

날씨

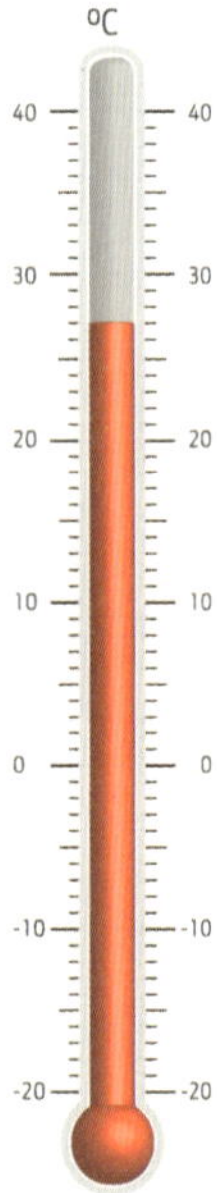

덥다

따뜻하다

선선하다

쌀쌀하다

춥다

시원하다

비가 오다

눈이 오다

바람이 불다

맑다

흐리다

어느 N

가: 어느 계절을 좋아해요?
나: 저는 여름을 좋아해요.

가: 어느 나라 사람이에요?
나: 한국 사람이에요.

가: 식당이 어느 쪽에 있어요?
나: 식당은 도서관 오른쪽에 있어요.

연습

(1) 가: 방학에 어느 나라에 여행 가요?

나: ______________________________.

(2) 가: 어느 학교에 다닙니까?

나: ______________________________.

(3) 가: 어느 건물에서 수업을 해요?

나: ______________________________.

(4) 가: ______________________________?

나: 남자 화장실은 왼쪽에 있어요.

(5) 가: ______________________________?

나: 한강 공원에 가요.

N이/가 어때요?

가: 오늘 날씨가 어때요?
나: 추워요.

가: 한국 생활이 어때요?
나: 친구가 없어요. 그래서 심심해요.

가: 한국 음식이 어떻습니까?
나: 맵습니다. 그렇지만 맛있습니다.

가: 그 영화가 어땠어요?
나: 재미있었어요.

연습

(1) 가: 여러분의 집이 어때요?
나: ______________________.

(2) 가: 명동이 어때요?
나: ______________________.

(3) 가: 학생 식당이 어때요?
나: ______________________.

(4) 가: 한국 생활이 어때요?
나: ______________________.

(5) 가: 그 영화가 어때요?
나: ______________________.

춥다	따뜻하다	시원하다	비가 오다	눈이 오다
바람이 불다	크다 / 작다	넓다	복잡하다	재미있다
심심하다	좋다	나쁘다	깨끗하다	더럽다
친절하다	예쁘다	비싸다	싸다	시끄럽다

A/V-지만 // N(이)지만

동생은 키가 크지만 저는 키가 작습니다.

가: 날씨가 추워요?
나: 아니요, 바람이 불지만 춥지 않아요.

가: 김치를 좋아해요?
나: 저는 한국 사람이지만 김치를 안 좋아해요.

연습

(1) 날씨가 좋습니다. 그렇지만 바람이 많이 붑니다.

···› ______________________________.

(2) 시장은 물건값이 쌉니다. 그렇지만 백화점은 비쌉니다.

···› ______________________________.

(3) 한국말이 어려워요. 그렇지만 재미있습니다.

···› ______________________________.

(4) 어제 배웠어요. 그렇지만 모르겠습니다.

···› ______________________________.

(5) 저는 미국 사람입니다. 그렇지만 한국 음식을 좋아합니다.

···› ______________________________.

V-(으)러 가다 / 오다

가: 뭐하러 한국에 왔어요?
나: 한국어를 배우러 한국에 왔어요.

가: 대사관에 왜 가요?
나: 비자를 받으러 대사관에 가요.

가: 어디에 가요?
나: 점심을 먹으러 식당에 가요.

연습

(1) 친구를 만나요. •	• 식당
(2) 식사해요. •	• 우체국
(3) 돈을 찾아요. •	• 극장
(4) 영화를 봐요. •	• 은행
(5) 편지를 보내요. •	• 커피숍

(1) ______________________________.

(2) ______________________________.

(3) ______________________________.

(4) ______________________________.

(5) ______________________________.

대화해 봅시다

필립 한국의 여름 날씨가 어때요?

주영 더워요. 그리고 비가 많이 와요.

필립 가을에도 더워요?

주영 아니요, 가을에는 안 더워요.

필립 씨는 어느 계절을 좋아해요?

필립 저는 봄을 좋아해요.

한국의 봄 날씨가 어때요?

주영 바람이 불지만 따뜻해요. 그리고 꽃도 피어요.

필립 주영 씨는 어느 계절을 좋아해요?

주영 저는 여름을 좋아해요. 여름에 바다에 수영하러 가요.

▼

필립 씨는 어느 계절을 좋아해요?

한국의 봄 날씨가 어때요?

주영 씨는 어느 계절을 좋아해요?

주영 씨는 여름에 무엇을 해요?

들어 봅시다

Ⅰ 다음을 듣고 질문에 답하십시오.

1. 오늘 날씨는 어떻습니까?

① 맑지만 춥습니다.　② 춥고 비가 옵니다.

③ 아침부터 비가 옵니다.　④ 흐리지만 비는 오지 않습니다.

2. 내일은 날씨가 어떻습니까?

Ⅱ 다음을 듣고 질문에 답하십시오.

1. 같으면 ○, 다르면 × 하십시오.

(1) 지난 주말에 부산에 비가 왔습니다. 그래서 바다에서 수영을 안 했습니다. (　　)

(2) 토요일에 우리는 바닷가 커피숍에서 커피를 마셨습니다. (　　)

(3) 토요일에 우리는 배를 탔습니다. (　　)

(4) 일요일에 날씨가 더웠습니다. 그래서 우리는 바다에서 수영을 했습니다. (　　)

(5) 이번 여행은 피곤했습니다. 그래서 재미없었습니다. (　　)

2. 다음 질문에 답하십시오.

(1) 유민 씨와 '나'는 언제 부산에 갔습니까?

(2) 토요일에 왜 바다에서 수영을 하지 않았습니까?

(3) 유민 씨와 '나'는 토요일에 무엇을 했습니까?

(4) 일요일 날씨는 어땠습니까?

(5) 일요일에 '우리'는 무엇을 했습니까?

말해 봅시다

I 이번 주의 날씨입니다. 그림을 보고 친구와 날씨를 이야기해 보십시오. 그리고 빈칸에 친구의 이야기를 쓰십시오.

보기

가: 월요일 날씨가 어때요?
나: 맑지만 바람이 많이 불어요.

가: 몇 도예요?
나: 2도예요. 조금 추워요.

〈학생 가〉

요일	날씨	온도
월	맑지만 바람이 많이 불어요.	2도예요. 조금 추워요.
화		18℃
수		
목	 오전 오후	13℃
금		
토	 오전 오후	13℃
일		

보기

나: 화요일 날씨가 어때요?
가: 흐리지만, 비가 오지 않아요.

나: 몇 도예요?
가: 18도예요. 선선해요.

〈학생 나〉

요일	날씨	온도
월		2℃
화	흐리지만 비가 오지 않아요.	18도예요. 선선해요.
수	 오전 오후	19℃
목		
금	 오전 오후	7℃
토		
일		−3℃

Ⅱ 지수 씨의 4월입니다. **보기** 처럼 친구와 이야기하고 빈칸에 쓰십시오.

보기

가: 내일 어디에 가요?
나: 극장에 가요.

가: 극장에 뭐하러 가요?
나: 영화를 보러 가요.

가: 누구와 영화를 봐요?
나: 친구와 영화를 봐요.

가: 극장이 어때요?
나: 극장이 크고 좋지만 조금 복잡해요.

가: 어제 어디에 갔어요?
나: 공원에 갔어요.

가: 공원에 뭐하러 갔어요?
나: 산책하러 갔어요.

가: 누구와 산책했어요?
나: 동생과 산책했어요.

가: 공원이 어땠어요?
나: 공원이 작았지만 깨끗했어요.

4월

일	월	화	수	목	금	토
1	2	3	4	5	6	7
			공원: 동생 (산책하다) 작다 / 깨끗하다	오늘	극장: 친구 (영화를 보다) 크고 좋다 / 조금 복잡하다	
8	9	10	11	12	13	14

읽어 봅시다

여러분은 오늘 어디에 갑니까?
거기에서 무엇을 합니까?

I 다음과 같이 친구와 이야기해 보십시오.

한국에는 봄, 여름, 가을, 겨울 사계절이 있어요. 한국은 3월부터 5월까지 봄이에요. 봄에는 바람이 불지만 따뜻해요. 꽃이 많이 피어요. 사람들은 산과 공원에 놀러 가요.

여름에는 아주 덥고 비가 많이 와요. 여름은 6월부터 8월까지예요. 학생들은 방학이 있고 회사원들은 휴가가 있어요. 학생들은 방학에 수영하러 바다에 가요. 저는 수영을 좋아해요. 그래서 여름을 좋아해요.

가을에는 선선하고 날씨가 아주 좋아요. 산에는 단풍이 들어요. 단풍이 아주 예뻐요. 그래서 산에 단풍을 구경하러 가요.

겨울에는 춥고 눈이 와요. 겨울에 방학이 있어요. 아이들은 스키를 타요. 그리고 눈사람도 만들어요.

휴가

1. 다음을 읽고 질문에 답하십시오.

(1) 한국에는 계절이 몇 개 있습니까?

(2) 한국의 봄 날씨는 어떻습니까?

(3) 한국에서 여름에 무엇을 합니까?

(4) 한국 사람들은 가을에 무엇을 합니까?

(5) 아이들은 겨울에 무엇을 합니까?

>>> 여러분 고향에서 여름에 무엇을 합니까? 겨울에 무엇을 합니까?

Ⅱ 다음을 읽고 질문에 답하십시오.

한국의 여름은 아주 덥습니다. 한국은 7월에 비가 많이 오고 8월에 아주 덥습니다. 여름에 사람들이 수박을 많이 먹습니다. 그리고 아이스크림과 빙수도 많이 먹습니다. 사람들은 여름에 바다와 산에 여행을 많이 갑니다. 바다와 산이 시원합니다. 그래서 사람들은 여름을 기다립니다.

한국은 6월부터 8월까지 여름이지만 호주는 6월부터 8월까지 겨울입니다. 그렇지만 춥지 않습니다. 눈이 많이 오지 않습니다. 아침과 저녁에는 쌀쌀하지만, 낮에는 따뜻합니다. 바다의 물이 차갑지 않습니다. 그래서 사람들은 겨울에 바다에서 수영을 합니다.

수박 / 아이스크림 / 빙수

1. 이 글을 읽고 같으면 ○, 다르면 × 하십시오.

(1) 한국은 여름이지만 호주는 겨울입니다. (   )

(2) 한국은 여름에 비가 오지 않고 덥습니다. (   )

(3) 호주는 6월부터 8월까지 여름입니다. (   )

(4) 호주는 겨울에 눈이 많이 옵니다. (   )

(5) 호주의 겨울 바다는 차갑지 않습니다. 그래서 사람들이 수영을 하러 바다에 갑니다. (   )

2. 다음을 읽고 질문에 답하십시오.

(1) 한국 여름 날씨는 어떻습니까?

(2) 한국 사람들은 여름에 무엇을 합니까?

(3) 한국 사람들은 왜 여름을 기다립니까?

(4) 호주의 겨울은 언제부터 언제까지입니까?

(5) 호주의 겨울 날씨는 어떻습니까?

3. 다음 단어로 문장을 만드십시오.

(1) 7월 / 비 / 많이 오다 / 8월 / 덥다

···› ______________________________.

(2) 사람들 / 여름 / 여행 / 많이 / 가다

···› ______________________________.

(3) 아침 / 저녁 / 쌀쌀하다 / 낮 / 따뜻하다

···› ______________________________.

(4) 호주 / 바다 / 물 / 차갑다 / 않다

···› ______________________________.

(5) 사람들 / 겨울 / 바다 / 수영을 하다

···› ______________________________.

써 봅시다

- 여러분의 고향은 어디입니까? 고향은 어느 계절이 있습니까?
- 여러분은 어느 계절을 좋아합니까? 왜 그 계절을 좋아합니까?
- 사람들은 그 계절에 무엇을 합니까?

들어봅시다
지문

1 저는 한국 사람입니다

Ⅰ (1) 마이클 씨는 일본 사람입니다.

(2) 민수 씨는 한국 사람입니다.

(3) 세실 씨는 독일 사람입니다.

Ⅱ (1) 남: 저는 앤디입니다. 의사입니다. 미국 사람입니다.

(2) 남: 주영 씨는 요리사입니까?
여: 아니요, 저는 요리사가 아닙니다. 간호사입니다.
남: 주영 씨는 한국 사람입니까?
여: 네, 저는 한국 사람입니다. 저스틴 씨는 영국 사람입니까?
남: 아니요, 저는 호주 사람입니다. 회사원입니다.

(3) 남: 안녕하세요? 저는 왕명입니다.
여: 안녕하세요? 저는 안나입니다.
남: 안나 씨는 러시아 사람입니까?
여: 네, 저는 러시아 사람입니다. 저는 기자입니다.
남: 저는 학생입니다.
여: 왕명 씨는 일본 사람입니까?
남: 아니요, 저는 일본 사람이 아닙니다. 중국 사람입니다.

2 이것은 무엇입니까?

Ⅰ 수진: 왕명 씨, 이것은 무엇입니까?
왕명: 가방입니다.
수진: 누구의 가방입니까?
왕명: 제 가방입니다.
수진: 이 책은 왕명 씨의 책입니까?
왕명: 아니요, 제 책이 아닙니다. 민수 씨의 책입니다.

Ⅱ 가: 이것은 책입니까?
나: 아니요, 책이 아닙니다. 공책입니다.
가: 수진 씨의 공책입니까?
나: 아니요, 민수 씨의 공책입니다.

Ⅲ 마이클: 유민 씨, 이것은 무엇입니까?
유 민: 모자입니다.
마이클: 누구의 모자입니까?
유 민: 왕명 씨의 모자입니다.
마이클: 저것은 무엇입니까?
유 민: 저것은 펜입니다.
마이클: 왕명 씨의 펜입니까?
유 민: 아니요, 제인 씨의 펜입니다.
마이클: 유민 씨, 유민 씨는 펜이 있습니까?
유 민: 아니요. 펜이 없습니다. 연필이 있습니다.

3 교실은 도서관 옆에 있습니다

Ⅰ 남: 책이 어디에 있습니까?
여: 책상 위에 있습니다.
남: 책상 위 어디에 있습니까?
여: 컴퓨터 오른쪽에 있습니다.

Ⅱ 남: 휴대폰이 가방 안에 있습니까?
여: 아니요, 가방 안에 없습니다.
남: 어디에 있습니까?
여: 의자 아래에 있습니다.

Ⅲ 남: 수진 씨가 어디에 있습니까?
여: 수진 씨가 우체국 건너편에 있습니다.
수진 씨가 자동차 오른쪽에 있습니다.

Ⅳ ①번: 여자는 지금 공원에 있습니다.
②번: 여자 오른쪽에 남자가 있습니다.
③번: 남자 옆에 개가 있습니다.
④번: 남자 앞에 자전거가 있습니다.

4 도서관에서 책을 읽습니다

I (1) 여기에서 운동을 합니다. 여기에서 친구를 만납니다. 여기에서 산책을 합니다.

(2) 여기에서 친구를 만납니다. 여기에 비행기가 많이 있습니다. 사람이 많이 있습니다.

(3) 여기에서 선생님을 만납니다. 여기에서 공부를 합니다. 여기에서 친구들을 만납니다.

II 남: 안나 씨, 오늘 학교에 갑니까?
여: 아니요, 수업이 없습니다.
남: 그러면 오늘 무엇을 합니까?
여: 집에서 숙제를 합니다. 그리고 드라마를 봅니다.
남: 집에서 드라마를 봅니까?
여: 아니요, 집에 텔레비전이 없습니다. 친구 집에서 드라마를 봅니다.
왕명 씨는 오늘 무엇을 합니까?
남: 공항에 갑니다. 고향 친구가 한국에 옵니다.

5 아버지는 회사원입니다

Ⅰ 마리 씨는 프랑스 사람입니다. 마리 씨는 학교 식당에서 한국 음식을 먹습니다.
영화와 노래를 좋아합니다. 쇼핑과 컴퓨터 게임을 좋아하지 않습니다. 학교에서 한국어를 배웁니다.

Ⅱ 안녕하세요? 우리 가족을 소개합니다. 우리 가족은 아내, 아들, 딸, 저입니다.
제 이름은 장위입니다. 중국 사람입니다.
저는 회사원입니다. 한국에서 컴퓨터 회사에 다닙니다. 저는 영화를 좋아합니다.
아내는 선생님입니다. 중국어를 가르칩니다. 요리와 쇼핑을 좋아합니다. 영화를 좋아하지 않습니다.
아들은 대학생입니다. 중앙대학교에 다닙니다. 중앙대학교에서 한국어를 공부합니다.
아들은 운동을 좋아합니다. 딸도 대학생입니다. 한국대학교에 다닙니다. 한국 음악을 좋아합니다.
한국 드라마도 좋아합니다.

6 이거 얼마예요?

Ⅰ (1) 안내원: 안녕하세요? 중앙 백화점입니다.
손　님: 남자 구두가 몇 층에 있어요?
안내원: 3층에 있습니다.
손　님: 남자 옷은 몇 층에 있어요?
안내원: 2층에 있습니다.
손　님: 커피숍은 몇 층에 있어요?
안내원: 커피숍은 1층에 있습니다.
손　님: 남자 화장실은 어디에 있어요?
안내원: 커피숍 옆에 있습니다.
손　님: 네, 감사합니다.

(2) 미호: 실례합니다. 카메라가 몇 층에 있어요?
지나가는 사람: 4층에 있어요.
미호: 식당은 몇 층에 있어요?
지나가는 사람: 지하 1층에 있어요.
미호: 지하 2층에 뭐가 있어요?
지나가는 사람: 주차장이 있어요.
미호: 감사합니다.

Ⅱ 주인: 어서 오세요.
손님: 아주머니, 이 모자가 얼마예요?
주인: 14,000원이에요.
손님: 이 가방이 얼마예요?
주인: 130,000원이에요.
손님: 비싸요. 저 바지가 얼마예요?
주인: 저 바지는 35,000원이에요.
손님: 모자하고 바지 주세요.
주인: 모두 49,000원입니다. 감사합니다. 안녕히 가세요.

7 영화를 보고 운동했어요

I (1) 남: 안녕하세요? 저는 마이클입니다. 미국 사람입니다. 저는 2월 22일에 한국에 왔습니다.

(2) 여: 안녕하세요? 저는 제인입니다. 저는 2017년 6월에 한국에 왔습니다.
내년 10월에 미국에 갑니다.

(3) 남: 저는 다나카입니다. 오늘은 8월 18일 목요일입니다. 저는 내일 친구를 만납니다.

(4) 여: 저는 리사예요. 오늘은 6월 11일이에요. 오늘은 바빴어요. 그래서 쇼핑하지 않았어요.
다음 주 화요일에 쇼핑해요.

II 리사: 민수 씨, 주말에 뭐 했어요?
민수: 토요일에는 친구 생일 파티에 갔어요. 거기에서 게임도 하고 노래도 했어요.
리사: 일요일에는 뭐 했어요?
민수: 놀이공원에 갔어요. 정말 재미있었어요.
리사: 그래요? 참, 민수 씨, 내일 시간이 있어요? 우리 집에서 파티를 해요.
민수: 그래요? 저는 파티를 좋아해요. 언제 파티를 해요?
리사: 내일 시험이 끝나고 파티가 있어요.
민수: 네? 내일 시험을 봐요?
리사: 네, 몰랐어요? 읽기와 듣기 시험을 봐요.
민수: 내일이 10월 13일 화요일이에요?
리사: 네, 맞아요.
민수: 어떻게 해요? 공부를 하지 않았어요.

8 저는 비빔밥을 먹겠어요

Ⅰ 남: 진평 씨, 무엇을 드시겠어요?

여: 떡볶이를 먹겠어요.

남: 맵지 않아요?

여: 괜찮아요. 저는 떡볶이를 아주 좋아해요. 우리 고향 음식은 아주 매워요.
에릭 씨는 뭐를 주문해요?

남: 저는 순두부찌개를 먹겠어요. 아주머니! 여기 떡볶이 2인분하고 순두부찌개 하나 주세요.

여: 튀김도 주문해요.

남: 좋아요. 아주머니, 튀김도 2인분 주세요.

Ⅱ 남: 안녕하세요? 어디에 가요?

여: 학생 식당에 가요. 거기에서 점심을 먹어요.

남: 학생 식당이 어디에 있어요? 멀어요?

여: 아니요, 가까워요. 학생 식당은 학교 안에 있어요. 그래서 편해요.

남: 학생 식당이 커요?

여: 네, 학생 식당은 아주 크고 사람이 많아요. 그래서 점심시간에는 많이 기다려요.
그렇지만 깨끗하고 값도 싸요. 왕명 씨는 어디에서 점심을 먹어요?

남: 저는 중앙 식당에서 점심을 먹어요.

여: 중앙 식당은 어디에 있어요?

남: 중앙 식당은 학교 밖에 있어요. 그래서 조금 불편해요.

여: 그 식당은 어때요?

남: 그 식당은 작아요. 그렇지만 음식이 맛있고 아줌마도 친절해요.
그래서 점심시간에는 사람이 많아요. 그렇지만 많이 기다리지 않아요. 값은 조금 비싸요.

9 7시에 일어나요

Ⅰ 왕영: 재석 씨, 이 영화가 재미있어요?
재석: 저도 잘 모르겠어요.
왕영: 이 영화가 몇 시에 시작해요?
재석: 9시 20분에 시작해요.
왕영: 그럼 몇 시에 끝나요?
재석: 밤 11시 40분에 끝나요.
왕영: 그 시간에 지하철이 있어요?
재석: 네, 12시 10분까지 지하철이 있어요. 버스는 12시 반까지 있어요.
왕영: 지금 몇 시예요?
재석: 8시 10분이에요. 시간이 많이 있어요.
왕영: 그러면 저기 커피숍에서 같이 커피를 마셔요.
재석: 좋아요.

Ⅱ 제 이름은 필립입니다. 저는 오늘 아침 6시 40분에 일어났습니다. 빵과 우유를 먹었습니다. 7시부터 8시 20분까지 운동을 했습니다. 8시 반에 학교에 갔습니다. 9시부터 12시 50분까지 학교에서 한국어를 공부했습니다. 그리고 1시 10분에 친구들과 같이 학교 앞 식당에서 점심을 먹었습니다. 2시 30분부터 도서관에서 한국어 숙제를 하고 친구에게 이메일을 썼습니다.

오늘 어머니에게서 이메일을 받았습니다. 그래서 기분이 아주 좋았습니다. 오후 4시부터 6시까지 아르바이트를 했습니다. 6시 반에 집에 갔습니다. 집에서 저녁 식사를 했습니다. 9시에 텔레비전을 봤습니다. 뉴스와 드라마를 봤습니다. 한국 드라마가 재미있었습니다. 11시 반에 잠을 잤습니다.

10 어느 계절을 좋아해요?

Ⅰ 오늘 서울은 흐리고 쌀쌀합니다. 그렇지만 비는 오지 않습니다.
오전에는 3도, 오후에는 11도입니다. 내일은 비가 옵니다.

Ⅱ 제 친구 유민 씨는 바다를 좋아합니다. 그리고 저도 바다를 좋아합니다. 그래서 우리는 바다에 자주 갑니다.

지난 주말에 우리는 부산에 갔습니다. 토요일 아침에 부산 날씨가 조금 쌀쌀했습니다. 그래서 수영을 하지 않았습니다. 우리는 바다 근처 커피숍에서 커피를 마시고 이야기를 했습니다. 우리는 바닷가를 걸었습니다. 바닷가에 사람들이 많았습니다. 저녁에는 생선회를 먹었습니다. 생선회가 아주 싸고 맛있었습니다.

일요일은 날씨가 맑고 더웠습니다. 그래서 우리는 바다에서 수영을 했습니다. 바다에서 수영을 하고 배도 탔습니다.

일요일 저녁에 우리는 서울에 왔습니다. 이번 여행은 조금 피곤했지만 아주 재미있었습니다.

어휘
색인

1과

가수
간호사
경찰
군인
기자
독일
러시아
미국
베트남
선생님
소개하다
영국
영화배우
요리사
의사
이탈리아
인도
중국
캐나다
프랑스
학생
한국
호주
회사원

2과

가방
강아지
개
고양이
공책
대학교
모자
사전
선물
시계
안경
여권
연필
우산
우유
의자
자동차
자전거
지갑
지도
지우개
책
책상
칠판
컴퓨터
텔레비전
펜
학생증
휴대전화
휴대폰
휴지

3과

건너편
공원
교실
극장
근처
기숙사
냉장고
도서관
뒤
바나나
밖
백화점
병원
사과
사이
서점
슈퍼마켓
식당
아래
안
앞
약국
영화관
옆
오른쪽
왼쪽
우체국
위
은행
지금
집
커피숍
학교

4과

가다
가르치다

5과

주부
중학생
짧다
축구
친절하다
크다
(키가) 작다
(키가) 크다
편하다
할머니
할아버지
형

6과

가위
걷다
(배가) 고프다
과일
구두
귤
그래서
그렇지만
그리고
기쁘다
김밥
김치
나쁘다
라면
마트
몇
모두
뭐
바쁘다
바지
보통
비누
살다
세일하다
손님
술
슬프다
신발
아프다
앉다
예쁘다
옷
음료수
입다
주인
주차장
지하
쪽
층
카메라
티셔츠
포도
호선
화장실

7과

그제 / 그저께
끝나다
날짜
내일
년
놀이공원
다음 달
다음 주
다음 해 / 내년
달력
듣기
막걸리
많이
모레
방학
북한산
생일
수영장
쉬다
시험
아름답다
어제 / 어저께
언제
오늘
올해 / 금년
요일
월
이번 달
이번 주
읽기
정말
주말
주중
지난달
지난주
지난해 / 작년
평일
피곤하다

8과

9과

약
여행
오전
오후
이메일
일어나다
저녁
전
전화하다
점심
테니스
(테니스를) 치다
파티
하루
회의하다

10과

가을
건물
겨울
계절
꽃이 피다
날씨
눈사람을 만들다
눈이 오다
단풍이 들다
덥다
독서하다
돈
(돈을) 찾다
따뜻하다
맑다
모르다
바다
바닷가
바람이 불다
복잡하다
봄
비가 오다
비자
빙수
선선하다
소풍
수박
수영하다
스키
시끄럽다
시원하다
심심하다
쌀쌀하다
여름
춥다
휴가
흐리다